中公新書 2302

上野 誠著

日本人にとって聖なるものとは何か

神と自然の古代学

中央公論新社刊

はじめに

古代の人びとは、聖なるものをどのように認識していたのか？

今、日本人は、聖なるものをどのように認識しているのか？

本書の眼目とするところは、七世紀と八世紀の社会を生きた人びとが聖なるものをどのように認識していたのかを、明らかにする点にある。したがって、心性、心情の古代学ともいうべき書となろうか——。なお、ここでいう、「古代学」とは、学問分野を超えて、「古代」について追究する学問をいう。

その資料は、『古事記』『日本書紀』『万葉集』『風土記』などの古代の文献であり、そこから、古代的な心のあり方を明らかにしたい、と考えている。

聖なるものに対する心のあり方といっても、それは漠としたものでしかない。ために、本書では、〈神〉〈自然〉〈天皇〉に対する古代的思考を探ることに、その目標を絞りたい、と思う。古代の人びとは、〈神〉をどのように認識していたのか？〈自然〉をどのように認識していたのか、はたまた〈天皇〉について、どのように認識していたのか、ということを明らかにしたいのである。

たとえば、ここに椅子がある、としよう。現代的な思考では、それは一つの物体、モノでしかない。古代思考では、その椅子には椅子の神がいますと考える。つまり、モノとしての性格である物性と、神霊《しんれい》としての性格の霊性の両方があると古代の人びとは考えたはずなのである。こういう認識の方法を、本書では古代思考とか、古代的思考と呼ぶことにする。したがって、本書は、〈神〉や〈自然〉に対する古代的思考を明らかにすることを目的に書かれた本ということになる。

第一章では、〈神〉と〈地名〉との関係を考え、第三章では森（モリ）、第四章では聖地、第七章では山について考えたい。このように考察を進めてゆくと、〈神〉と〈天皇〉との関係が問題となってくる。本書では、避けて通れない課題として。そこで、第八章では〈人〉と〈天皇〉と〈神〉との関係について、その古代的思考を探ってみたい、と思う。

ただ、本書で取り上げるその古代的思考というものが、今の日本人に繋《つな》がるものなのか、どうか？　議論の余地もあろう。千三百年も、文化は本当に、連続性を保ち得るのか。そもそも思考の型のようなものは、世代を超えて伝えられるものなのか、どうか？　よく考えねばならない。ここに、筆者の考えを端的に記すと、こうなる。文化は、家、地域、民族、国家単位で、ある程度連続性を持って伝えられてゆくものであり、同じ東洋のなかでも、中国文化、朝鮮文化、日本文化というものが存在しているのはそのためである。だから、歴史的変化とは別に、連続性もあると思う。もちろん、それらは相互に影響しあい、その時々の時代の要請によって、積極的に交流するものなので、無理に「日本的」ということを強調すると、民族主義や国家主義に与《くみ》することになるという意見もあるかもしれない。

しかし、思考とか、思惟《しい》というものは、一定の枠組みのなかでしか成り立たないものなので、古代的思考を、日本的思考の源泉と認めることも、あながち不当とはいえないだろう。つまり、日本文化の枠組みのなかで考えるということも、ある程度は、有効なはずである。中華文明国、西洋文明国の辺境で形成された日本文化。日本文化を明らかにするためには、今の私たちの文化環境のなかから、中国的なもの、仏教的なもの、西洋的なものを引き算してゆけばよいというのは、本居宣長《もとおりのりなが》以来の日本文化論の一つの考え方である。ただし、文化の実態はそれほど単純なものではない。時代時代の潮流というものがあり、外来文化もまた、土着化してゆくからである。土着という段階に入ると、外来文化とか、日本文化とかいう考え方の枠組み自身が役立たなくなることがあるからだ。

では、本書は、どのように日本的思考を探るのか？　私は、古代文献から、一つの思考法、認識法を抽出し、それが今の自分の思考法とどのように繋がっているのか、いないのか、考えてみることにした。その際、私が重要視したのは、自らの「実感」である。だから、本書では、常に筆者の体験から得た実感、実感から思い至った思惟から、説き起こすことにしよう、と思う。

それは、過去と自己との対話ともいうべきものである。あぁ、そうか、自分たちが今、日本的だと意識している思考法の源流は、『古事記』や『万葉集』に表れているのだなぁ、と読者が実感したその瞬間に、本書の試みは成功したことになる、と思う。序章と第二章は、私のそういう企みが強く表れた章である。

まずは、二十代の私が、聖なるものに対する古代的思考を実感した瞬間から、筆を進めたい。

日本人にとって聖なるものとは何か　目次

各文献を引用する場合、原則として末尾に引用文献を示していますが、『万葉集』については、国歌大観番号と呼ばれる番号のみを記しています。たとえば、「巻二の二〇二」(一二頁)のように。小島憲之ほか校注・訳『萬葉集(新編日本古典文学全集)』①〜④(小学館、一九九四〜一九九六年)から、該当の歌が引用されています。

『古事記』『日本書紀』『常陸国風土記』『出雲国風土記』『古今和歌集』『催馬楽』からの引用は、それぞれ以下の文献(いずれも小学館「新編日本古典文学全集」)によるものです。

山口佳紀、神野志隆光校注・訳『古事記』(一九九七年)
小島憲之ほか校注・訳『日本書紀』①〜③(一九九四年、一九九六年、一九九八年)
植垣節也校注・訳『風土記』(一九九七年)
小沢正夫、松田成穂校注・訳『古今和歌集』(一九九四年)
臼田甚五郎ほか校注・訳『神楽歌・催馬楽・梁塵秘抄・閑吟集』(二〇〇〇年)

そのほか、『続日本紀』については青木和夫ほか校注『続日本紀　一(新日本古典文学大系)』(岩波書店、一九九一年、初版一九八九年)から、『西行法師家集』については『新編国歌大観　第三巻　私家集編Ⅰ　歌集』(角川書店、一九八五年)から引用しています。

ただし、諸文献の引用は全体に、一部私意により改めたところがあります。

なお、撮影者を明示しない写真については、著者の撮影によるものです。

日本人にとって聖なるものとは何か

神と自然の古代学

昔ノ歴史ノコトナンテ、俺サマハマッタク知ラナイケレドモ、俺サマガ見テモ奥ユカシク感ジラレルンダナ、コノ天ノ香具山ヲ見ルト……

（一三二頁）

ドンナ神サマガ、ココニイラッシャルカ、知ラナイノダケレド、ソノアリガタサニ涙ガ、涙ガ……コボレテナラナイノダ

（四九頁）

序章

今は昔の物語

日本にやって来た留学生には、最初に次の一言を発することにしている。「もし、日本人と神と自然の関係を知りたければ、三輪山《みわやま》に行きなさい」と。これは、宗教学者の山折哲雄《やまおりてつお》の、日本人の死生観を知るためには、日本人と桜との関係を考えればよいという発言の向こうを張ったものである。本書執筆の理由も、じつはここにあるのである。だが、まずは青春三文小説風回想から筆を進め、序章（プロローグ）に代えたい、と思う。

今を去ること三十年前。私は、民俗調査に熱中していた。もちろん、私は『万葉集』を研究していたのだが、地域の祭りのなかに残る「しきたり」やものの考え方を知ることが、古典の研究にも役立つと信じていたからだ。古典研究を日本文化研究と繋いだのは、折口信夫《おりくちしのぶ》

（一八八七〜一九五三）なのだが、私は折口の考え方に、心惹《ひ》かれていたのである。そんな三十年前の民俗調査の折に見聞した、二つの聞き書きを記し留《とど》めて、緒言としたい、と思う。ただし、私の育った研究室では、調査という言葉を避け、採訪《さいほう》と言う「しきたり」があった。訪問させていただくという気持ちを込めて。

愛知県北設楽《きたしたら》郡に豊根《とよね》村という小さな村がある。三河《みかわ》、信濃《しなの》、遠江《とおとうみ》の国境にあたる山村である。豊根村のなかに間黒《まくろ》という集落があるのだが、当時、この村では、お正月に神楽《かぐら》を行なっていた。民俗学を少しでも学んだことのある人なら、すぐに三・信・遠国境地帯の「花祭《はなまつり》」という芸能だとわかるはずである。霜月から正月に行なわれる「花祭」は、冬から春へという季節に、地域の人びとが、そのエネルギーを爆発させる祭りである。冬の神楽といっても、それは宗教行事であるから、「しきたり」も多い。神楽の中心となる太夫《たゆう》と呼ばれる神職の家に不幸ごとがあると、神楽そのものが中止となってしまうのである。では、神楽を行なうことができない場合は、どうするか？　その場合、村一番の巨木の前で、一差《ひとさし》舞うと古老に聞いたことがある。私が、なぜ舞うのですかと尋ねると、木の神さまのために舞う、と古老は答えた。

寂しがりやの神々、小さき神々

私は、なおも食い下がって、ではなぜ、神社やお寺でやらないのですか、と聞いた。すると、神社やお寺の神さま仏さまは、日ごろお祀《まつ》りする人がいるから、神楽がなくても寂しくない。でも、木の神さまは、神楽がないと寂しく思うからだ、と答えてくれた。当時の私は、神さまも寂しがるのか、と不思議に思ったものだ。

疑問を持って調べてみると、神楽を行なう前に、神楽を行なう場所（民家や公民館）のまわりの巨木や、岩、森（モリ）や小川などの神々に、お供え物をして、あらかじめお祀りをする「しきたり」があるということがわかった。

村には、氏神さまの神社もあれば、お寺もあって、神主さんも、お坊さんもいる。神楽を行なえば、神楽の場には、全国から神さまが呼び集められる。そういう神さま仏さまは、祀り手がいて、大切に祀られている神仏である。一方、木や岩や森（モリ）、小川にいる神たちは、日ごろは顧みられることもない。そこで、神楽をはじめる前にお祀りするのである。

私は、古老に、無知の強みで、なぜ、神楽の前に、木や岩の神を祀るのかと聞いてみた。すると、祀り込んでおかないと、わるさをするからだと教えてくれた。古老は、神さまが僻《ひが》んでわるさをすると言うのである。私は、なおも食い下がって、わるさって、何をするんですかと聞いた。すると神楽を妨害するのだと教えてくれた。火事になったり、病人が出たりするというのだ。私は、神さまも、寂しがったり、わるさをするのかぁと、不思議に思った。

民俗学を学びはじめた若者（だった私）が、心に最初に抱いた素朴な疑問であった。
木や岩や森（モリ）の神は、神というより「精霊」と呼ぶにふさわしいものかもしれない。偉大なる神に対して、「小さき神々」とでもいうべき存在なのか？

日本の神のイメージ

時は移り、三十年後。私は勤務校の奈良大学において、「神話伝承論」という科目を担当しているが、今の私はさも偉そうに、こんなふうに講義をしている。

皆さん――。今まで読んできたように、『古事記』に登場する神々は、山であり、木であり、風である。われわれは、知らず知らずのうちに「カミ」というものを唯一無二、絶対的なものである一神教的な神として捉えていないでしょうか。

もう一度、考え直してほしい。『古事記』に登場する神は、性交もし、恋もし、時に寂しがり、妬《ねた》みもし、罪も犯し、追放される。糞や尿や吐瀉物《としゃぶつ》からも、神は生まれる。いや、糞も尿も吐瀉物自身も神となるのだ。われわれは、一神教の偉大なるイメージで、日本の神を捉えてはならない。神のなかには、「精霊」や「小さき神々」とも呼び得る神々も含まれるのだ――。

奈良・東大寺の二月堂の法会《ほうえ》である「お水取り」でも、その法会がはじまる前に、二月堂を守る神々へのお祀りがある。また同じく奈良・春日《かすが》大社の若宮さまの祭りである「春日若宮おん祭」においても、大和《やまと》一円の芸能者が若宮さまにその芸を奉納するにあたって、一ノ鳥居そばの松の木に対して、その芸のさわりの一部分でも見せないと境内《けいだい》に入れないという「しきたり」がある。

つまり、お祭りの中心になる神仏に対し、それより格の低い神々がいるのだ。それは、神というより「精霊」と呼んだ方が、現代のわれわれにはわかりやすいかもしれない。偉大なる神に対して「小さき神々」もいるのだ。では、「小さき神々」は、『古事記』のなかにも棲《す》んでいるのだろうか? 『古事記』という書物は、八世紀初頭にできた。だから、当時の事情を反映している書物だ。時代には、時代の史観というものがある。しかし、その伝えのなかには、ごく一部ではあるけれども、今日のわれわれの宗教心意と通じるものも存在しているのである。

二十代の私は、自らの体を通して、神に関わる感覚を実感しようと、日本中を歩き回っていた。今の私は、それを知識に置き換えて、物知り顔に、語っている。今、私は、三十年前のことを、なつかしくもせつない思いで……思い出している。

木と森と社殿

これも、今は昔。同じく三十年前のこと。私は、大和の村々を歩いていた。『万葉集』を学ぶということは、明日香《あすか》・藤原《ふじわら》・平城《なら》の地理に通じるということでもある。山と山、山と丘、丘と川の位置関係などを体感して、身につけておく必要があるのである。そんな、ある日のことだ。私は、明日香の川原《かわはら》という集落を歩いていた。ふと見ると、一間《けん》四方の板塀の囲いがあり、道に面した一方のみが開いている。どう見ても、神社の玉垣《たまがき》である。玉垣のなかには社《やしろ》らしいものはなく、榊《さかき》の木が……。よく見ると、燭台《しょくだい》があり、線香を上げる香炉《こうろ》もある。その左側には石灯籠《いしどうろう》も立っているではないか。石灯籠に目をやると、「天王社《てんのう》」の文字も見えるから、やっぱり神社なのか。私は、なにやら不思議に思って聞いてみた。すると、村の人は、ばつが悪そうに、こう言った。

もともとここには、小さいながらも天王さんというお社があったのだけれど、火事で燃えてしまったのだそうですよ。お社を再建しようと思って寄付金を集めていたんですが、そうこうしているうちに、榊の木が生えてきて、村で相談したんだそうですけれど、生えてきた榊の木を伐《き》って、そこにお社を建てるというわけにもいかんだろう、ということになったのでしょう。だったら、木をお社の代わりにしようということになりました。ところが、村の者は、わかっているからよいけれど、よそから来た人には、木が生えているだけですからね。そこで、お社の代わりなんだから、粗末になっちゃいかんということで、玉垣を造って、お賽銭《さいせん》箱を置いたのだそうです。そういえば、賽銭箱は村外の不心得者の被害に遭《あ》って、置かないようにしたとか。少し前に。ただ、私もそう聞いているだけで、いつのことかわからないんですけれど。そんなこんなで、お社はないけど、神社といえば神社ということになりますかね。へんてこなものになってしまったんですよ。お恥ずかしいかぎりです。

図1　現在の明日香村川原天王社（明日香村中央公民館近く）　やはり30年の歳月は永く、昔に比べると木が大きくなっている気がした

若かった私は、この話を聞いて、胸を震わせた。というのは、社殿が焼失したあとに、そこから生えてきた木を拝もうとする村の人びとの心意に、歴史を超えるものがあると直感したからである。私がこ

こでいう、歴史を超えるものとは、「古代的思考」とも呼び得るものかもしれない。樹木崇拝という原始的な信仰の形態が蘇《よみがえ》ったのである。

一般には、神社の社殿は、仏教寺院建築の影響を受けて成立するといわれている。では、社殿がない時代はどうしていたかといえば、祭りごとに、祭りをする土地を決めて、神さまを招いていたのであった。そういう神さまがやって来る場所の、それも特定の岩や木が、崇拝の対象になってゆくのである。したがって、古い神社のご社殿の下に、信仰の対象となっている岩（磐座《いわくら》）がある場合もじつに多い。そして、やって来る神を招く場所にも、その土地の神々がまたいるのである。

特定の樹木や岩が崇拝の対象となっていることを示す方法が二つある。一つは、その樹木や岩に注連縄《しめなわ》をかけるという方法。もう一つは、塀で囲んだり、鳥居を建てるという方法だ。そうなると、一定の空間が占有されるのだが、これが「しむ」（＝占《し》める、動詞）ということなのである。山全体を崇拝の対象にするなら、その山はシメヤマ（＝標山）と呼ばれることになる。したがって、注連縄とは、特定の空間を占めて、神のいる空間を示すものなのである。

奈良県桜井《さくらい》市の大神《おおみわ》神社に詣でた人ならすぐにわかることなのだが、この神社は、山がご神体であるから、拝むための建物すなわち拝殿はあっても、ご神体を守る神殿はない。いわば、標山である。ところが、拝殿の前には、神杉があって、この巨木の周りを玉垣が囲み、供え物を置く台と、賽銭箱が置かれている。いつ行っても、酒や卵がお供えしてある。では、山が神なのか、杉の巨木が神なのかといえば、両方ということになる。さらには、境内にある特定の岩には、注連縄が張られて崇拝の対象になっている。

大神神社のある三輪山が神なのか、はたまた杉の木が神なのか。おそらく、どれも崇拝の対象となっているのだから、正解などあろうはずもない。

とめどなく生まれ出ずる神々

多神教というと、たくさんの神がいる宗教と考えてしまいがちだが、じつはそうではない。あらゆる事物が神となり得るのだから、無限に神が生まれ続ける文化構造と考えねばならないのである。木があれば木、森（モリ）があれば森（モリ）が神になるのだ。私は、「国文学演習（万葉集）」という科目で、よく学生たちに、こんな話をする。

みんな、『万葉集』の巻二を開いてごらん。そのなかにある高市皇子《たけちのみこ》（六五四ころ～六九六）が亡くなった時の歌を見て下さい。

哭澤之　神社尓三輪須恵　雖禱祈　我王者　高日所知奴

（巻二の二〇二、傍線は引用者）

とあるね。これを書き下し文にすると、

泣沢《なきさは》の　杜《もり》に神酒《みわ》据ゑ《す》　祈れども　我《わ》が大王《おほきみ》は　高日《たかひ》知らしぬ

となります。訳せば、「泣沢神社にお神酒を捧げて、皇子の蘇りを祈ったが、皇子は天に昇られてしまった」となろうか。高市皇子が亡くなる時に、その延命を祈ったことを、皇子が亡くなったのちに、振り返って作った歌だよね。では、その延命の祈りが行なわれた場所はどこか。それは「ナキサハノモリ」というところだと書いてある。

ここで注意してほしいことがあるんだ。原文では「神社」と表記しているが、これを「モリ」と訓《よ》んでいるね。なぜ、「神社」と書いて「モリ」と訓むことができるか。それは、もともと「モリ」だったところに、神社の社殿ができていったことに由来するのです。だから、社殿すなわち建物がない神社も、古代にはたくさんあった、と考えなくてはならないのですね。つまり、「モリ」という場所は、木がたくさんあるところなんだけれども、そこは神さまが来臨する地、ないしは神さまがいらっしゃる地なのですね。神社のある土地や、神社の周辺の地名を調べると、「モリ」とか「〜のモリ」という地名が、じつに多い。『万葉集』の表記は、時としておもしろいことを、私たちに教えてくれるのです。

図２　現在の泣沢神社　香具山の麓にひっそりと祀られる井戸をご祭神とする神社

気がつくと私は、声高に古典や民俗学を通じて、学生たちに「古代」ないし「古代的なるもの」を語っているではないか。大学の教師となって、もうすぐ四半世紀を迎えるのだが、私は知識というものは伝えられても、感動や実感というものを、今もって伝えられてはいないような気がしてならない。しかも、その知識ですら、不充分なままに。

かつての私は、「古代的思考」を自らの五感で実感しようと、日々、東奔西走していた。一方で、私は、この三十年というもの、万葉学徒のひとりとして、自分なりに、古代生活と万葉歌の回路を見つける研究方法を模索してきた。このような歌の表現が使用される背景には、こういった古代を生きた人びとの生活実感があるのだな。だから、このような表現をするのだな、と試行錯誤を積み重ねてきた。

本書では、すでに発表した学術論文の成果をもとに、古代社会に生きていた人びとの神と自然に対する古代思考ないし古代的思考の一斑《いっぱん》を明らかにしてみたい、と思う。なお、本書でいう「古代思考」とは、奈良時代から平安時代までに成立した文献から知り得る思考法である。対して「古代的思考」は、古代思考に淵源《えんげん》を辿《たど》り得る思考法という意味で用いることとする。

さらには、本書の副題に用いた「自然」についても、説明しておかなくてはなるまい。本書のいう〈自然〉とは、「山川草木」「山河大地」というべきものだ。人為や精神に対立する《自然（nature）》という概念とは異なるものである。人為や精神と対立する《自然》という概念は、古代にはなかった。モノにも心があると考える古代思考の世界においては、《自然》という概念は存在のしようもないものであった。したがって、副題の「自然」とは、「山川草木」「山河大地」のことであり、ことに本書では、木・森・山を中心に考察を行なう。

第一章　神と地名の古代学

日本人は神と仏を使い分けてきた

私が、前章において述べたかったことは、次の三点に集約できる。

①　われわれは、神という場合、知らず知らずのうちに、一神教的な神のありようを想起してしまうが、多神教の神々は、妬みもし、罪も犯す存在である。

②　多神教とは、多くの神々がいる宗教ではなく、無限に神が生まれ続ける文化構造と考えねばならない。それは、偉大な神ではなく、「小さき神々」と呼び得る神であろう。

③　存在を認識できるすべての事物が神となり得る宗教の場合、山、岩、木などのすべてが崇拝の対象物となり得ることを念頭に置く必要がある。

①の考え方に立てば、善も悪も相対化されてしまう。実際に古代に伝えられた神話のなかの神々は、時と場合によって、善なる性が表れたり、悪なる性が表れたりする。須佐之男命《すさのおのみこと》は、その典型例といえるだろう。②の考え方に立てば、国土は、小さき神々がひしめきあうところとなる。かの小さき神々を祀り、神々の力をいかに人間の幸福と結びつけるかが、この国における宗教者の主たる仕事なのである。

したがって、日本人は、自らの信仰に対する考え方によって、神と仏を使い分けることもある。厄除《やくよ》け、結婚式、お葬式ごとに、宗教や教団、行くところを選ぶのは、②の考え方が根底にあるからである。こう考えると、アンケートにおいて「無宗教」と答える人びとも、特定の宗教や教団に属していないだけかもしれないのである。というより、意識もせずに、神仏を使い分けているのだ。

よく神仏習合とか、神仏分離とかいうが、日本人は時に神仏を一つにしたり、分けたりもし、また使い分けたといえよう。それは、奈良時代からあったことだ。たとえば、山上憶良《やまのうえのおくら》（六六〇ころ〜七三三ころ）は、遣唐使を送る時には神に祈る歌を作っている。つまり、あれほどの教養人であり、あれだけの仏教信仰者であっても、唐と対峙《たいじ》する日本という場合は、日本の神、住吉《すみよし》の神に祈るのである（巻五の八九四）。

③の考え方に立てば、命なきものと命あるもの、神ならざるものと神との区別はあったとしても、その線引きは常に変更される可能性があると考えねばならない。たとえば、人は神になり得るし、人も神としての性格を有しているということになる。また、神も人としての性格を有しているということになる。同じように、木は神になり得るから、木も神としての性格を有している、といえるのである。

多くの宗教学者や宗教者が「日本の宗教は、その根底にあるものはすべて同じで、万物生命教というべきものであり、山川草木も、山河大地も神仏である」と言い切る理由も、じつはここにあるのである。

排泄物も神となる

『古事記』上巻に収められている国土形成神話は、男女二神の性交によって、島々が生まれたと説く。しかし、性交によって国土が生まれると説く神話においては、女性神が死ななくては、神話は終息しないのである。女性神が死なないと、永遠に国土が生まれ続けるからである。したがって、『古事記』の伊耶那美命《いざなみのみこと》も、死ななくてはならぬ運命にある。

『古事記』（七一二年撰上《せんじょう》）、『日本書紀』（七二〇年撰上）では、火の神を生むことで、女性器が焼け爛《ただ》れて死ぬ話になっている。火の神を生んだ伊耶那美命は、体を病み、嘔吐《おうと》し、大小便の排泄《はいせつ》をして死を迎えたと書かれている。ここでは、訳文(拙訳)から先に示そう。

次にお生みになった神の名は鳥の石楠船《いわくすぶね》の神、この神はまたの名を天《あめ》の鳥船《とりふね》といいます。次に、大宜都比売《おおげつひめ》の神をお生みになり、次に火の夜芸速男《やぎはやお》の神をお生みになりました。またの名を火の炫毘古《かがびこ》の神、さらにまたの名を火の迦具土《かぐつち》の神と申し上げます。この子をお生みになったために、伊耶那美の神は御陰《みほと》が焼かれてしまい御病気になってしまわれました。その嘔吐《へど》でできた神の名は金山毘古《かなやまびこ》の神と金山毘売《かなやまびめ》の神、屎《くそ》でできた神の名は波邇夜須毘古《はにやすびこ》の神と波邇夜須毘売《はにやすびめ》の神、小便でできた神の名は弥都波能売《みつはのめ》の神と和久産巣日《わくむすひ》の神です。この神の子は豊宇気毘売《とようけびめ》の神といいます。かような次第によりまして、伊耶那美の神は火の神をお生みになったために遂にお隠れになってしまわれたのでございます〈天の鳥船から豊宇気毘売の神まで合わせて八神ということになります〉。

訳すと以上のようになるのだが、本文の書き下しを示すと以下のようになる。「次に、〜の神」という書き方は、一見無味乾燥のように思えるが、神の名が次々に列挙されることで事物のすべてに神がいることを表しているのである。

次に、生みし神の名は、鳥之石楠船神《とりのいはくすふねのかみ》。亦《また》の名は、天鳥船《あめのとりふね》と謂《い》ふ。次に、大宜都比《おほげつひ》売神《めのかみ》を生みき。次に、火之夜芸速男神《ひのやぎはやをのかみ》を生みき。亦の名は、火之炫毘古神《ひのかかびこのかみ》と謂ひ、亦の名は、火之迦具土神《ひのかぐつちのかみ》と謂ふ。此《こ》の子を生みしに因《よ》りて、みほとを炙《や》かえて病み臥《ふ》して在り。たぐりに成りし神の名は、金山毘古神《かなやまびこのかみ》。次に、金山毘売神《かなやまびめのかみ》。次に、屎《くそ》に成りし神の名は、波邇夜須毘古神《はにやすびこのかみ》。次に、波邇夜須毘売神《はにやすびめのかみ》。次に、尿《ゆまり》に成りし神の名は、弥都波《みつは》能売神《のめのかみ》。次に、和久産巣日神《わくむすひのかみ》。此の神の子は、豊宇気毘売神《とようけびめのかみ》と謂ふ。故《かれ》、伊耶那美神は、火の神を生みしに因りて、遂《つひ》に神避《かむさ》り坐《ま》しき〈天鳥船より豊宇気比売神に至るまでは、并《あは》せて八《や》はしらの神ぞ〉。

（『古事記』上巻）

つまり、吐瀉物や排泄物からも、次々に神は生まれたまうのである。さて、大小便がなされ、尿よりなった神のなかに、和久産巣日神《わくむすひのかみ》がいる。この神名には、若々しくみなぎった力によって、万物を生成するとの意味が込められているのだが、ここは排泄物が堆肥となって、食物を生み出すということを神話的に表現しているとみなくてはならない。というのは、尿から生まれた和久産巣日神の子が、豊宇気毘売神《とようけびめのかみ》であると記されているからである。「ウケ」とは、食べ物のことをいう古語であるから、豊かなる食物を生み出す女性神ということになる。国土を生み続けた女性神が火の神を生み、病を得て、その後に排泄した排泄物。その排泄物たちも、神となり、尿の神の子が、食べ物の神となるというのである。多神教においては、山川草木だけではなく、排泄物すら神となるのである。

果たして、それは擬人法か？

中学校や高校において、詩の技法の一つとして、「擬人法」というものを教えられる。たとえば「花たちが私に微笑《ほほえ》みかけ、鳥たちが私に囁《ささや》いた」という表現があれば、人ならざるものが、人のごとくに喩《たと》えられていると教えられ、これが詩の技法の一つの「擬人法」だと教えられてきた。しかし、花も鳥も神としての性格、すなわち神性があり、神も人としての性格、いわば人性（人格）があるとなると、果たして作詩上の技巧として用いられたと考えてよいものか、疑問といわざるを得ない。

『万葉集』の巻一に、天智《てんじ》天皇（在位六六八〜六七一）が、皇太子時代に作ったとみられる歌が収められている。

中大兄《なかのおほえ》〔近江宮《あふみのみや》に天《あめ》の下治《をさ》めたまひし天皇〕の三山《みつやま》の歌一首
香具山《かぐやま》は　畝傍《うねび》をしと　耳成《みみなし》と　相争《あひあらそ》ひき　神代《かみよ》より　かくにあるらし　古《いにしへ》も　然《しか》

にあれこそ　うつせみも　妻を　争ふらしき

反　歌

香具山と　耳成山と　あひし時　立ちて見に来《こ》し　印南国原《いなみくにはら》

［第二反歌、左注省略］

（巻一の一三、一四）

である。香具山、畝傍山、耳成山は、大和三山と呼ばれる山々であり、三山の性別については、八百年にも及ぶ論争のあるところだが、仮に訳すと、

中大兄〔近江宮で天下をお治めになった天皇〕の三山の歌一首

香具山（＝女、男）は畝傍山（＝男、女）を横取りされるのが惜しいと、耳成山（＝女、男）と争った……

――神代からこうなので

――いにしえもそうだった

――今の世も妻を争うらしい

――(まして、自分も)

反　歌

香具山と耳成山とがいさかいをしたその時……

立って見にきた印南国原だ、今ぞ見るこの地こそ!

[第二反歌、左注省略]

となろうか。注意してほしいのは、「香具山は……」と、突然歌い出すことである。山が恋をするということについて、何の説明もない。そればかりか、この歌は、人も恋するように山も恋をしたのだろうというようには、歌っていないのである。逆だ。神代から三山は互いのツマを争った。古もそうだった。だから、今もそうなのだ、というのである。神代から山も恋をする。だから、今も人は、恋をするのだ、という論法である。今日のわれわれの考え方からみると、人と人以外のもの、生命を持つものと生命を持たないものの垣根が、きわめて低いのである。

いいかえると、人も霊的存在だが、人ならぬモノも霊的存在である、といえる。カミ・モノ・オニ・ヒトのすべてが霊的存在であり、人としての性格すなわち人格も持っているのである。ここでは、代表例として、三山の歌を出すのみに留めるが、「雲も三輪山を隠さないでほしい」（一九一頁、巻一の一七、一八）、「天皇さまの大御船《おおみふね》を志賀《しが》の唐崎《からさき》の港が待っている」（巻二の一五二）、「志賀の唐崎の港は、幸い無事に過ごしているが、宮廷に仕える人びとの船がやって来るのを待ちかねている」（巻一の三〇）など、枚挙にいとまがない。

万葉学徒の多くは、こういう擬人化は、中国文学の影響を受けたからだと説く。しかし、私には、疑問だ。仮に中国文学の影響によって、こういう表現が生まれたとしても、もともとの思考法と合致したから、意識せずに受け入れられたと考えるべきだ。擬人化の技巧を学んで表現したと考える必要などないのではないか。また、歌の中だから、そういう表現がなされるのであって、詩の言葉として、山がツマを争うとか、港が船を待つと歌うのだと反論する人もいるだろう。

この反論に対しては、私は二つの再反論を用意している。一つは、詩の言語といえども、日常の言語と無縁に存在するものではなく、いかなる事物にも霊性と人格を認める考え方があればこそ、受け入れられる表現だということ。

もう一つは、詩の言葉の方に、章の冒頭に挙げた①②③に示したような古い思考法が残っていると考えた方がよく、擬人法という詩の技巧の一つとして考えたがるのは、現代に生きるわれわれが、日常の言語としては合理性がないと思っているだけのことではないのか——。

私も、その恩恵を受けている者のひとりとして、近代における合理主義的思考を批判する気など毛頭ないが、「古代思考」ないし「古代的思考」に近づこうとする努力なしに、古代の文献を読み解くことはできないと考えている。

本書の目論見も、神と自然に対する「古代思考」「古代的思考」の一端を明らかにすることにあるのだ。

鉄野昌弘の挑戦

有名な持統《じとう》天皇（在位六九〇～六九七）の歌の解釈も、われわれはどうも誤ってきたようだ。

天皇の御製歌《おほみうた》

春過ぎて　夏来《きた》るらし　白たへの　衣《ころも》干したり　天《あめ》の香具山

（巻一の二八）

通説では「春が過ぎて夏がやって来たらしい。真っ白な衣が干してある、天の香具山を見ると」ないし「香具山に」と解釈される。しかし、素直に歌をみると、「干したり」は「干している」ということだから、誰か人が香具山に衣を干したとは、書かれていない。この点に着目した、万葉研究の俊英・鉄野昌弘《てつのまさひろ》は、「春が過ぎて、夏がやって来たらしい。真っ白な衣を干している、天の香具山が」と解釈し、少なくとも中世においては、香具山が白い衣ないし、白い衣のようなものを纏《まと》うと解釈されてきたことを明らかにした。つまり、「香具山自身が、白い衣を干す」のである。その上で鉄野は、中世の解釈に戻るべきことを説いている（鉄野昌弘「万葉研究、読みの深まり（？）―持統天皇御製歌の解釈をめぐって―」）。私は、この考えを、直接、鉄野から聴いた時、一瞬わが耳を疑った。しかし、考えてみれば、香具山は恋をしてツマを争うのだから、衣を干すことだってあり得るはずだ、と思い直した。

島とともに神が生まれる神話

『古事記』『日本書紀』に記された国土形成神話は、伊耶那岐命《いざなきのみこと》と伊耶那美命《いざなみのみこと》の性交による国生みの神話である。つまり、神の性交と出産によって、国土が生まれたと説明されているのだ。二書は、国土を島の連合体とみているから、伊耶那美命が次々と島を生み落としたと記述している。一部分を引用すると、

然《しか》くして後《のち》に、還り坐《ま》しし時に、吉備児島《きびのこしま》を生みき。亦《また》の名は、健日方別《たけひかたわけ》と謂《い》ふ。次に、小豆島《あづきしま》を生みき。亦の名は、大野手比売《おほのてひめ》と謂ふ。次に、大島《おほしま》を生みき。亦の名は、

大多麻流別《おほたまるわけ》と謂ふ。次に、女島《をみなしま》を生みき。亦の名は、天一根《あまのひとつね》と謂ふ。次に、知訶島《ちかのしま》を生みき。亦の名は、天之忍男《あめのおしを》と謂ふ。

（『古事記』上巻）

となる。島々が生まれたことが記されたのちに、「亦の名は」とあって、神名を記している。つまり、島は島であって、神なのだと次々に語ってゆくわけである。今日、われわれからみると不思議に思われるが、次々に列挙されることに意味があるのだ。訳すと、

それからお帰りになった時に吉備《きび》の児島《こしま》をお生みになりました。またの名を、建日方別《たけひかたわけ》といいます。次に、小豆島《あずきしま》をお生みになりました。またの名を、大野手比売《おおのてひめ》といいます。次に、大島《おおしま》をお生みになりました。またの名を、大多麻流別《おおたまるわけ》といいます。次に、女島《おみなしま》をお生みになりました。またの名を、天一根《あまのひとつね》といいます。次に、知訶島《ちかのしま》をお生みになりました。またの名を、天《あめ》の忍男《おしお》といいます。

となり、島と神とがそれぞれ対応している。つまり、島生みは、島生みであると同時に、神生みであるということになる。

生命の指標としての地名

では、地名と神名との対応は、いったい何を示すのか。それは、地名というものは、神としての性格すなわち神格を持つということである。折口信夫は、なぜ日本人は、これほどまでにたくさんの地名を歌のなかに歌い込むのか、さらには、その地名の多くに、どうして枕詞《まくらことば》（特定の言葉を修飾する決まり文句）を伴うのかということに、疑問を持った。

そして、その疑問に折口は、こう答えを出した。地名はもともと神から与えられた賜物《たまもの》であり、地名が与えられた由来を語る神々の物語とともに、古い詞章《ししょう》として伝えられてきたものなのだ、だから、枕詞と地名を歌に詠み込むという伝統がすでに七世紀にはあったのだというのだ。そのために、枕詞はもともとは、土地の由来を語る神々の物語であり、その物語を語ることが、人びとの生きる力に繫がっていたのだと考えたのであった。今日でいえば、自分が自分であることの証となるもの、すなわちアイデンティティというものにあたるだろう。

折口は、それを人が生きてゆくための目印になるものと考え、「らいふ・いんできす」すなわち「生命の指標」と呼んだのである。簡単にいえば、歌の「しきたり」だ。「しきたり」には、意味不明なものも多く、時代にそぐわないものも多い。だから、消滅もし、時に改変される。じつは、枕詞だって、ほとんどは、なぜ特定語を特定の枕詞が修飾するのか、不明なのだ。

しかし、「しきたり」がなくなるということはない。常に、新しい「しきたり」が生まれてゆくからである。「しきたり」は、それ自身は無意味なものかもしれないが、こういう時どうすればよいかということを、生きている人間に端的に教えてくれるものである。お正月は？ 結婚式は？ お葬式の時は？ と。つまり、「しきたり」は、人の生きてゆく指標なのである。

だとすれば、地名と地名の由来を語る物語は、その土地に生きてゆく人びとの生命の指標となるべきものであり、だからこそ、「しきたり」に従って、枕詞と地名の入った歌を歌ったのだというのである。個別の事柄を実証することはできないけれど、折口のいっていることの大枠は、間違っていない、と思う。

考えてもみるがよい。日本人の苗字の多くは、地名か、地形を表す言葉である。考えてもみるがよい。自分がもともと住んでいた土地の地名が無くなった時の寂しさを。それは、自らの記憶を失った時の寂寥《せきりょう》感にも近いものではないか——。

土地と神社

国土を形成するそれぞれの土地が、神の性交と出産によって生まれたものであるとするなら、その土地には、その土地の神がいるということになる。

律令の施行細則である『延喜式《えんぎしき》』(延長《えんちょう》五年〔九二七〕完成奏上)の巻九と巻十には、当時「官社」として国が指定していた神社一覧(神名帳《じんみょうちょう》)があり、存在していた神社をほぼすべて知ることができる。「官社」とは、国の管理下にある神社と考えればよい。その神社名のほとんどに、地名が冠されているのだが、精緻《せいち》な文献研究で知られる『古事記』研究者の青《あお》木紀元《ききげん》が、地名を冠する神社名の分類を行なっている(青木紀元『日本神話の基礎的研究』)。青木は、「地名+ヒコ(ヒメ)型」「地名単独型」「地名+坐型」「地名+坐+性能記述型」の四つに分けている。

「地名+ヒコ(ヒメ)型」は、地名に男性を表す「ヒコ」ないし、女性を表す「ヒメ」を付けたかたちである。おそらく、下に「ヒコ」「ヒメ」が付けば、その土地の支配者や守護神をイメージさせることになるのである。なお、カタカナで示した神社名は、著者によるものである。

大和国添上郡《そえかみ》　奈良豆比古神社(ナラヅヒコノカミノヤシロ)
平群郡《へぐり》　龍田比古龍田比女神社(タツタヒコ・タツタヒメノカミノヤシロ)

平群郡　往馬坐伊古麻都比古神社（イコマニキマスイコマツヒコノカミノヤシロ）
葛下郡《かずらきのしも》　当麻都比古神社（タイマツヒコノカミノヤシロ）
高市郡《たかいち》　許世都比古神社（コセツヒコノカミノヤシロ）

これらの神社は、大和の奈良・竜田・往馬（生駒）・当麻・許世（巨勢）の諸地域の神々である。

「地名単独型」は、単に地名のみを付けるかたちで、その土地の神であることを表すものである。

山城国宇治郡　宇治神社（ウジノカミノヤシロ）
〃　許波多神社（コハタノカミノヤシロ）
〃　山科神社（ヤマシナノカミノヤシロ）

「地名＋坐型」は、「地名＋神社」より丁寧ないい方で、「～に坐《ゐ》ます」とは、「～にいらっしゃる」という敬意を込めた呼称法である。「飛鳥坐神社」なら「飛鳥に坐ます神の社」とでも訓むべきで、明日香にいらっしゃる神ということである。その土地にいらっしゃる神とだけいえばことたりるわけだから、「地名単独型」と「地名＋坐型」のような呼称法を用いるのであろう。

大和国葛下郡　片岡坐神社（カタヲカニキマスカミノヤシロ）
　高市郡　飛鳥坐神社（アスカニキマスカミノヤシロ）
　〃　甘樫坐神社（アマカシニキマスカミノヤシロ）
　〃　稔代坐神社（イナシロニキマスカミノヤシロ）
　〃　牟佐坐神社（ムサニキマスカミノヤシロ）

一方、神の性能を表す神名を冠する例もある。それが「地名＋坐＋性能記述型」である。

大和国平群郡　龍田坐天御柱国御柱神社（タツタニキマスアメノミハシラクニノミハシラノカミノヤシロ）
広瀬郡　広瀬坐和加宇加売命神社（ヒロセニキマスワカウカヒメノカミノヤシロ）
城上《しきのかみ》郡　巻向坐若御魂神社（マキムクニキマスワカミタマノカミノヤシロ）
山辺《やまのべ》郡　大和坐大国魂神社（ヤマトニキマスオホクニタマノカミノヤシロ）

山辺郡　石上坐布都御魂神社（イソノカミニキマスフツノミタマノカミノヤシロ）

「龍田坐天御柱国御柱神社」は、「龍田《たつた》に坐《ゐ》ます天の御柱《みはしら》、国の御柱の神の社」とでも訓むべき神社で、天の御柱、国の御柱という柱を神格化した神を祀る神社である、と考えられる。「石上坐布都御魂神社」は、「石上《いそのかみ》に坐ます布都御魂《ふつのみたま》の神の社」とでも訓むべき神社で、「布都御魂」は、石上神社の祭神である。「ふつ」は、今日でも使用する「ぷっつん」「ぷっつり」などと同じ「ふつ」で、刃物によってものが切断される音を表している。石上神社（神宮）は、物部《もののべ》氏が管理していた武器庫を源とする神社であり、刀剣の切れ味を表す音が神の名につけられているのである。

土地の盛衰は国つ神の心で決まる

その土地の人びとが、その土地の特定の山・河・草・木・井・岩を神として祀っているぶんには、特段名称を必要とせず、ただ、神とさえいえばよい。ところが、他の地域の神と区別して呼び分ける必要がある時には、地名を冠するわけである。さらに、祀られている神の性格の説明が必要な場合もあり、「地名＋坐＋性能記述型」が生まれたのであろう。地名があるということは、そこに神がいるということであり、その土地土地の神は「くにつかみ」

（国つ神）と呼ばれた。その土地の繁栄というものは、その土地の神の力によると考えられていたのであった。『万葉集』に、こんな歌がある。

楽浪《ささなみ》の　国つ御神《みかみ》の　うらさびて　荒れたる都　見れば悲しも

（巻一の三三）

「ささなみ（楽浪）」は、琵琶《びわ》湖の西南部を示す古い地名で、かつて都のあった大津《おおつ》の宮（六六七～六七二）のある一帯も、「ささなみ」のうちである。そして、それは枕詞としても機能した。「うらさぶ」とは、心が荒れすさむことだ。訳してみると、「楽浪の国つ御神のお心が、うらさびてしまって、荒れてしまった都を見るのが悲しい」となろうか。つまり、たとえ都であったとしても「国つ御神」すなわち「国つ神」の心がすさんでしまえば、荒れてしまうということなのである。

もちろん、大津の宮は、壬申《じんしん》の乱（六七二）という戦争によって、荒廃し、都が明日香に戻って、都ではなくなったのだけれど、それを、国つ神の心の荒廃の結果として考えるのである。ここで、注意しておきたいことが一つある。それは、作者が、「国つ御神」の心の荒廃によって荒れ果てた都を見ると、悲しく感じたということである。つまり、現象としては都の荒廃を歌っているのだが、歌としては、神の心の荒廃を感じ取った「われ」の悲しみを歌っているということなのである。国つ神の心の荒廃が、まるで悲しみとして伝染したかのように。

神にも心があり、うらさびることもある。それは、人に心があり、人格があるのと対応している。その土地にも、土地の人格があるということになろうか。本書では、これを「人格」「神格」「地格」の三つに整理して、示しておこうと思う。すると、「人」「神」「地」も、それぞれ、身体を持ち、心を持ち、霊を持つということになる。しかも、繰り返し述べてきたように神と人の間の垣根は低いのだ。ただし、そういう考え方の根底には、自然を崇拝の対象とする自然崇拝の考え方がある。

人格　人の持つ性質（自然崇拝の存在を前提として）
　身体性（体・能力・痛み・快楽・食・排便）
　心性（喜・怒・哀・楽）
　霊性（神性）（人から神へ、神から人へ）

神格　神の持つ性質（自然崇拝の存在を前提として）

身体性（体・能力・痛み・快楽・食・排便）
心性（喜・怒・哀・楽）
霊性（神性）（人から神へ、神から人へ）

地格　土地の持つ性質（自然崇拝の存在を前提として）
身体性（体・能力・痛み・快楽・食・排便）
心性（喜・怒・哀・楽）
霊性（神性）（人から神へ、神から人へ）

このようにみてゆくと、「人」「神」「地」、山川草木のすべてに想定される性格があるようである。人に生い立ちや歴史があって性格が形成されるように、「神」「地」にも歴史があって性格があると考えられていたのである。

第二章　原恩主義の論理

人と神と土地に対する宗教的思惟

私が、前章において述べたかったことは、次の三点に集約することができる。

①　千年単位で日本の歴史をみた場合は、仏教伝来、神仏が一体化される「神仏習合」、神仏が切り離される「神仏分離」が、その時々の事情によってなされているが、もう一つ、神仏「使い分け」ということも考えてよい。多神教社会においては、日々「習合」「分離」「使い分け」がなされているとみる方が、より実態に近いのではないか。

②　すべての事物が神となり得る霊性を持つという考え方が浸透している社会においては、生命なきものと生命あるものの垣根が、もともと低く、土地もまた霊性を持つものであ

る。万葉歌にみられる地名の「擬人化」は、今日のわれわれが考える合理的思考からみて「擬人化」「擬人法」といっているだけのことである。

③土地にも、「人格」や「神格」に相当する「地格」のようなものを認める考え方が浸透している社会では、地名と地名の由来を語ることにも、宗教的意味があると考えねばならない。その土地の霊を祀るということが、古代社会の神祇祭祀《じんぎさいし》では重んじられていた。そのことは、『延喜式』神名帳《じんみょうちょう》の神社名からもわかる。

①のような状況が出現したのは、日本列島と大陸との間に海があり、文化の受容が選択的かつ自主的に行なわれたためで、戦争による占領支配や民族間抗争による深刻な宗教間対立がなかったからである。②のような考え方は、自然崇拝を容認する社会の一つの思考法ないし世界把握方法の一つのかたちと考えてよい。③に示した考え方を、私はすべての日本宗教の基底にあるものと考える。あまりにも唐突で荒っぽい議論に思われるだろうが、今日においても、多くの寺院や神社が、それぞれの地域の人びとによって支えられているのは、③のような理由によると考えねばならない。

以上が、私なりに辿りついた「古代思考」であり、歴史を超えた「古代的思考」ともいい得るものだ。もちろん、そういう議論は、現状是認を前提とした予定調和論に過ぎない。さらには、一種の基層信仰論であり、日本宗教原型論であって、日本社会にも絶えず宗教革新運動はあったし、宗教間対立もあったはずだ、という反論もあろう、と思う。また、かつての山本七平《やまもとしちへい》の「日本教徒」論と同じ、日本礼賛のナショナリズムの亜種であるといわれる可能性もあろう。加えて、単なる村落社会礼賛論といわれるかもしれない。

しかし、巨視的観点からみれば、日本社会において支配的であった人と神と土地に対する宗教的思惟だ、と思う。したがって、そのだいたいにおいて、人と神と土地に対する考え方を、以上の三点に集約してもよいものと思われる。当たらずといえども遠からず、という精度で考えれば。

原恩主義

すべての事物が神となり得るという認識が支配的な社会では、すべての事物が崇拝の対象となる可能性がある。そういった社会においては、他者への感謝ということが、重要な徳目と考えられるようになるはずである。つまり、人は生まれながらにして、恩を背負っているという考え方である。社会学者の見田宗介《みたむねすけ》は、その若き日の著書において、こう述べている。

アニミズムといわれ〈神人合一観〉といわれ、西欧の宗教学者によって「聖徒崇拝」

と卑称される日本では、死者の魂はいつまでもこの世にあってわれわれに呼びかけている。仏壇にはお茶やごはんを「あたたかいうちに」供える。長い旅から無事かえったら「お祖母ちゃまにアイサツをなさい」、学校でゴホウビをもらったら「お父さまにご報告した?」そして孫たちが不良になれば「草葉のかげで泣いている」何というやさしい神々! そして「生き残ってすまない」世代の死者にたいする責任意識が強靭な歴史意識の基礎となりうる。――〈Ohne uns!（「ぼくらはごめんだ!」――引用者注）〉の断絶と、「きけわだつみのこえ」の未練たらしく「非合理的」な死者との対話と。

（『現代日本の精神構造』）

今日的感覚からすれば、ご先祖さまに申し訳がないとか、おてんとうさまが見ているという感覚である。キリスト教のように、生まれながらに原罪を背負い、贖罪《しょくざい》のために生きるという考え方とは、まったく逆である。「原罪」に対して、「原恩」と呼び得る感覚である。それは、本書でこれまでに述べてきた「古代思考」に淵源を持つ「古代的思考」と、同質のものだといえるのではないか。すなわち、生まれながらに背負った罪を償うために生きるのではなく、生まれながらに背負った恩に報いるために生きるという考え方である。

ちなみに、ここでいう「聖徒崇拝」とは、唯一神以外への信仰をいう。たとえば、ヨハネやパウロなどの聖人使徒や、天使、さらにはマリアに対する信仰である。ヨーロッパでは、各都市の守護神として、ヨハネやパウロなどを崇拝することがあるが、それはキリストへの信仰よりも一段低いものとして位置づけられている。見田は、それを「聖徒崇拝」と卑称されると表現しているのである。

すべてが神となり得る社会では、あらゆる価値が相対的なものとして認識されるので、絶対的なものが存在しにくい。この点について、見田は、次のように述べている。

神や歴史や事業のために存在するものでないから、ある行為・ある業績・ある成功によってはじめて価値づけされるのではなく、人間であること自体、生きていること自体に価値がある。真の絶望というものの論理的に存在しえない精神構造である。世界と人生に外側から「意味」を与える超越神が必要とされないことも当然であろう。（同前）

つまり、こういった原恩主義の社会においては、存在することの意味が積極的に問われることは、稀《まれ》なのである。存在する意味よりも、今、存在していること自体の方が尊重されるのである。それは、何かのために生きるのではなく、今生きていること、それ自体に感謝するという考え方の方が重んじられる社会といえるだろう。

すべては対人関係で決まる

絶対的価値基準を作らない社会においては、自分の位置は常に、相対的な人間関係によって変わる。したがって、一人称も古典語で「わ」「われ」「あ」「あれ」と、時と場合によって使い分けられたし、現代語でも、「わたくし」「わたし」「わたい」「あたい」と、その時と場合によって使い分けられている（公的↕私的、上品↕下品などの基準）。さらには、「僕」「自分」「俺」などなど。日本語は、一人称を使い分ける言語なのである。さらには、時として主語さえも省略される（というより、不要）。これは、社会において、絶対的価値を作らない文化的風土に由来しているのである。

それは、日本社会におけるリーダーシップのあり方とも連動しているのではないか？　絶対的価値基準のない社会では、内部から改革型のリーダーが出にくい。だから、調和を重んずるタイプのリーダーが選出される傾向が強い。そうしないと、共同体の中に不満がたまってしまうからである。したがって、日本における「改革」とは、常に「外圧」を利用して行なわれてきた。それは、内部において絶対基準を作ることが苦手だからである。リーダーの任期は、なるべく短い方がよい。そして、権力を行使する立場には、役として就く（ロール・プレイ)。役を離れたあとは、権力から遠ざかることを美学とする考え方がある。そして、なによりも、より多くの構成員が、権力のある地位に就いてゆけるように常に工夫するのが、日本型の組織の特徴である。たとえば、政権運営において大切なのは、能力ある人が選ばれて権力のある地位に就くことではなく、汗をかいた人が順に権力ある地位に就いてゆくシステムを構築、維持してゆくことなのだ。だから、日本の政権運営では、より多くの者が大臣になる方がよいのである。

今日、日本の名門寺院の管長の多くは、塔頭《たっちゅう》と呼ばれる家の連合体の選挙で選ばれるが、二〜六年で次々に管長と元管長が生まれるように、投票行動を事前に調整している。そうしないと、共同体内に不満がたまり、怨嗟《えんさ》の坩堝《るつぼ》と化してしまうのである。原恩主義を美化しすぎてはならない。いや、美徳と知りつつ、警戒すべきだ。

さらに、見田の言葉に耳を傾けよう。

> 私が幼いころ食事の席で、「いただきます、はだれにいうの?」ときいてみたことがある。「ごはんを作ってくれたお母さんに」という父の説と、「お米を作るお百姓さんに」という祖母の説と分かれて、しばらく討論があったのち、結局、お百姓さん、お米屋さん、お母さんから「戦地でたたかっている兵隊さん」に至るまで「みんなにたいし

て」ということになった。

（『現代日本の精神構造』）

恩に感謝し、生きていること自体に生きる意味がある、と捉える感覚を、見田は自らの体験を通して語ろうとしている。恩に感謝する生き方を希求する社会、しかもあらゆる事物の恩に感謝する社会では、恩に感謝し、生きていること自体に生きる意味があるのである。こういった社会においては、常に互いに和することが求められる。それは、ある意味において、「和至上主義」ともいい得るものである。

「報恩感謝」か「罪と罰」か

法要が終わり、お寺にお布施を納める時に、いつも不安——いったい、いくらお布施をすればよいのか、という不安——がつきまとう。お坊さんに聞いても、お心持ちで、としか答えが返ってこないので、戸惑うばかり。また、自分の退職金がいくらになるのか、問い合わせるのを心苦しく思う社員たち。後者はあきらかに労働協約に基づく契約があるはずなのだが、会社は社員に感謝して退職金を支払い、社員は感謝してそれを受け取るということが美風とされるのは、なぜだろうか。「原恩」と「和」とが優先する社会においては、お寺との関係を壊さない金額をお布施として納めるべきなのであり、退職金も会社の業績と社員の功績に応じて、定まってゆくものであった。災害に遭った日本人が、口々に語る感謝の言葉。外国から被災地の救援にやって来た人びとを必死でもてなそうと、家にある食糧を届けた老婆の話は、語り継がれる美談であり、美しい日本の姿として、もてはやされている。どんなに困っていても、恩に報いようとするのだ。

が、しかし。ことは、それほど単純でもないし、美しくもない。社会には、どうしても契約が必要なこともあるし、時には、罰も必要である。和至上主義は競争を好まない風土を形成し、時には談合の温床ともなる。一方、感謝の念を表さない人間を、徹底的に排除するシステムも、けっして表からは見えないけれど、厳然として存在する。かけめぐる噂《うわさ》と評判は、時として個人を貶《おとし》め、仲間内から個人を放逐する。「あの家は、たいそうな資産家なのに、お布施がたった〇〇〇円」「苦労して助けてやったのに、あの恩知らずめ」というように。

原恩主義、和至上主義の社会では、絶対的な善悪の基準が示されないし、罪も罰もない。けれど、相互の人間関係の破綻《はたん》は、「仲間はずし」「仲間はずれ」となって、本人に跳ね返ってくる。今日、若者が仲間づくりに利用している「LINE（ライン）」（携帯電話などで特定のメンバー同士がメッセージをやりとりすることができるアプリ）でも、いったん人間関係が破綻すると、最終的には「ラインはずし」にされて、仲間内から排除されてゆくこととなる。同業者組合も同じだ。強い仲間意識と排他的慣行が表裏一体をなしているのだ。日本型の生徒間のいじめも、同じ性質を持っているのではないか。

契約を好まない風土

絶対的価値を重要視せず、相対的価値を重要視する社会では、基本的に契約は好まれない。大事にされるのは、人と人との信頼関係である。

私は、関西に赴任して数回、「白紙見積もり」というものをもらったことがある。物品を購入するために、業者に見積もりを出して下さいと言うと、見積もり書には項目だけが記載されており、あとは白紙なのである。聞くと、金額は、まずお客さまが書いて下さい、と言う。つまり、いくらでも、ご予算に合わせます、ということなのである。では、どんな低価格でもよいかといえば、そうではない。人間関係が壊れないような、妥当な相場を書かねばならないのだ。実際に私は、建築費数千万に及ぶ家の施工が、見積もり書も、契約書もなしになされた例を知っている。なぜ、契約をしないのかと尋ねると、互いに信用をしているから、との答えが返ってきた。

ただし、実際には、社会的契約にともなう罪と罰を重んずる考え方と、和を重視して、恩と感謝を重んずる考え方とが、日々相克、日々葛藤《かっとう》しているのではないか。二つの考え方の違いは、絶対的価値を重要視する一神教的世界観と、相対的価値を重要視する多神教的世界観の相違に由来しているのである。

Ⅰ　罪と罰↓契約社会↓絶対的価値の重要視（一神教的世界観）

Ⅱ　恩と感謝↓和至上社会↓相対的価値の重要視（多神教的世界観）

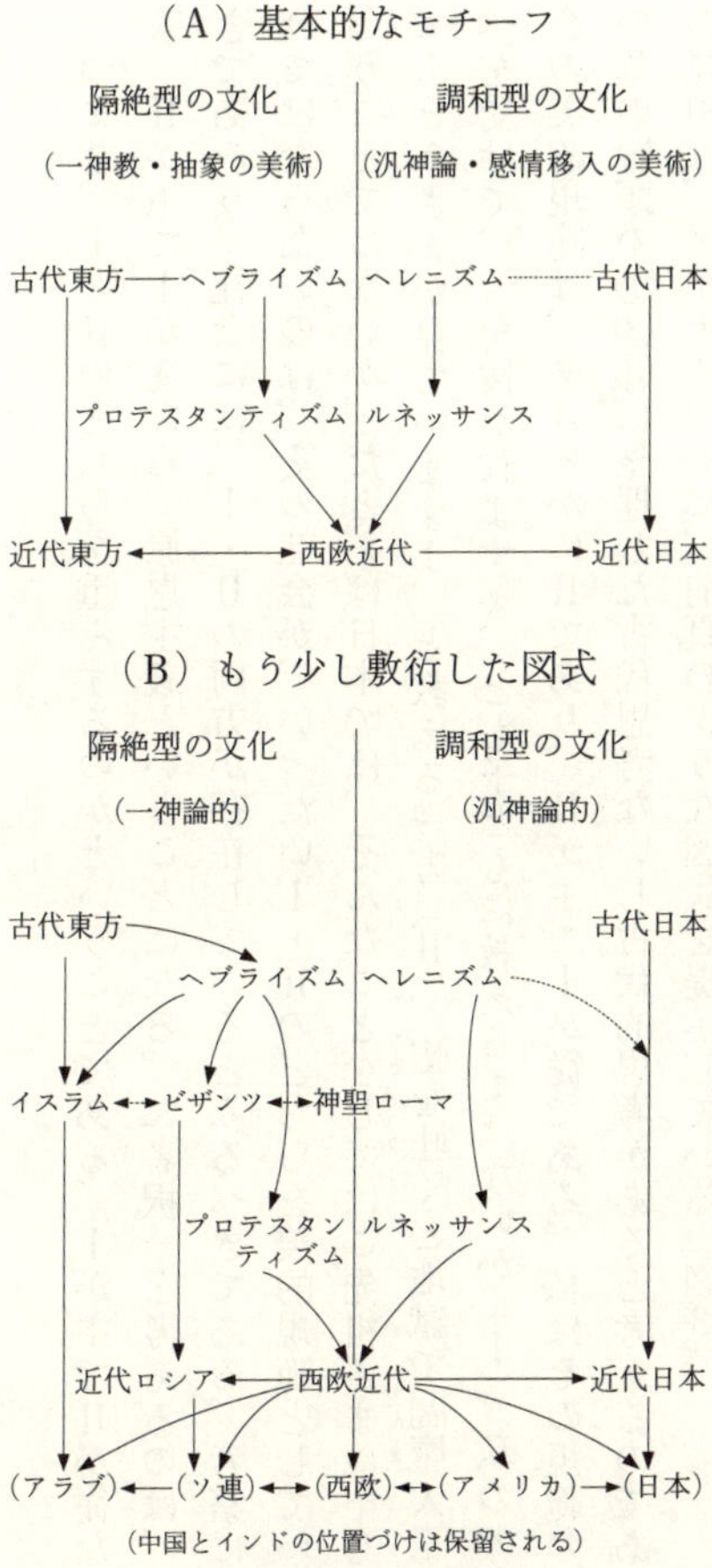

図3　見田宗介の文化類型図　見田宗介『現代日本の精神構造』より

つまり、ⅠとⅡのどちらを重んずるのかということである。Ⅰが主でⅡが従なら、原罪主義。Ⅱが主でⅠが従なら、原恩主義ということになる。二者択一と考えるのは、単純化しすぎであろう。社会には、Ⅰ・Ⅱの両方が存在しているとみるべきである。考察にあたって忘れてはならないのは、その社会が、いったいⅠ・Ⅱのどちらを美的規範としているのか、ということではないか。たとえば日本では、そんなことをしてはご先祖さまに申し訳ない、おてんとうさまが見ていますよ、と教える一方（Ⅱ）、嘘《うそ》を吐《つ》くと地獄で閻魔《えんま》大王から取り調べを受けて、舌を抜かれますよ、とも子どもに教えるではないか（Ⅰ）。私の考える日本社会の美的規範は、あきらかにⅡであり、Ⅱが主でⅠが従である。私はその規範の淵源に、この章の冒頭の①②③に整理した古代思考ないし古代的思考があると考えるのである。若き日の見田は、ダイナミックに、前頁のような図式を提示している（図3）。

その場で感じることが大切なのである

すべての事物が神性を持つという考え方が支配的な社会では、恩に感謝して生きることこそが、最大の徳目となる。そして、それが行動の規範ともなってゆく。そういう徳目に従うことが美しい行動だとされれば、それは美的規範ともなる。だとしたら、崇拝の対象物、祭神や本尊仏などは――下世話ないい方をすれば――なんでもよいことになってしまうのである。大切なのは、その場所に行って、その事物の恩を感じることだからである。こういった考え方に立てば、聖地の場が重んじられるのであって、崇拝の対象物に関する知識など、ほとんど必要ないのだ。

日本人の旅は、かつては、多くの場合、寺社の巡礼を目的としていた。今日においても、日本人は旅行で、じつに多くの寺社を参拝する。ところが、お参りをした寺のご本尊や、お参りをした神社のご祭神を聞いても、知らない人が多い。つまり、何を拝んだかではなく、どこに行ったかの方が大切なのである。知識ではなく、感じることの方に重きが置かれているのである。こんなことをいうと、お坊さんや神主さんから怒られるかもしれないが、経典など、日本型の宗教にはまったくもって無用の長物だ、と思う。そこに行って、何かを感じることこそが大切なのである。ご本尊も、ご祭神も、知らなくてよいのだ。

そういう宗教的感性がかたちになっている歌がある。

太神宮御祭日よめるとあり

何事の　おはしますをば　しらねども　かたじけなさに　涙こぼるる

である。この歌は、『西行法師家集』の板本《はんぽん》のみに見える三首のうちの一首で、西行《さいぎょう》の歌というより、西行の歌として伝わっていた歌とみる方がよいだろう。伊勢《いせ》神宮に詣で、どのような神さまがいて、どのようなお祭りが行なわれているのか、私などにはわからないけれども、そのありがたさに、ただただ涙があふれるのみ、という歌である。

一部の宗教家たちは、自らが拝む神仏の名も知らぬのは、信仰の名に価しないと、この歌の示す心の持ちようを厳しく批判している。しかし、私は、そのような批判は当たっていないと思う。尊いと思うものを、それぞれが尊いと感じればよい、というのが日本型の宗教ではないのか？　その地に立って恩を感じればそれでよい、というのが、日本の宗教ではないのか？　大切なのは、事物の恩を感じて生きることに尽きるのである。

極言すれば、経典も教理も、一切いらないのである。ご本尊についても、ご祭神についても、知らなくてよいのである。

第三章　「モリ」に祈る万葉びとたち

「モリ」と神々

私が、前章において述べたかったことは、次の三点に集約することができる。

① すべての事物が神となり得る認識が支配的な社会では、他者への感謝ということが重要な徳目となる。社会学者の見田宗介は、人が生まれながらに恩を背負い、恩に報いるように生きる生き方を、キリスト教の原罪に対して「原恩」と名付けた。本書では、その「原恩」を感ずる生き方が、多神教の「古代思考」に基づくものであると考えた。

② ただし、社会的契約を基調とし、罪と罰によって、人間を律するという考え方が、日本社会にないというわけではなく、契約を重んじ、絶対的価値を重要視する考え方も、

日本社会にはある。しかし、恩と感謝の念によって、和することを希求する意識の方が、日本においては優勢である、というのが本書の主張である。

③すべての事物が神となり得る社会では、特定の神仏に対する信仰よりも、その場に身を委ね、神や霊を感じることの方が大切となる。したがって、日本型の宗教には、経典や教理、さらには教学など、まったくもって不要なのである。

本書では、①の原恩主義の起因理由を、多神教の事物に対する感覚に求めたが、互いの協力なしには成果を得られない日本村落の稲作に淵源を求める論者も多いことを指摘しておきたい。②にともなう光と影については、私はなるべく相対的に記述したつもりである。筆者なりのバランス感覚に基づいて。③は、本書が導く日本型宗教論の核心部分だ。本書は、一神教を攻撃し、多神教を礼賛することを目途とした書ではない。後述するように、一神教と考えられている宗教にも、多神教的部分はあり、多神教の宗教にも、一神を志向する部分がある（二二六頁）。本書が説きたいのは、大きくみてどちらが日本社会において優勢なのか、ということである。

ここ数年、若年層を中心に、特定の神社仏閣や名所旧跡を、パワー・スポットとして巡拝することが流行している。その場に行き、言語化しにくい何かを感じたいという欲求が、そ

図4　「パワー・スポット」の例　戦国武将・加藤清正が自ら掘ったと伝わる湧き水の井戸、「清正井（きよまさのいど）」。明治神宮（東京都渋谷区）の御苑の中にある。「写真を携帯電話の待ち受け画面にすると願いがかなう」という話が口コミで広がり、ブーム時には数時間待ちの行列ができた。読売新聞社提供

の根底にはあると考えられる。もちろん、それがメディアの宣伝によって著名になった場所であったとしても、その場に行き、何かを感じることが、自分の人生に幸をもたらすという考え方があることは、間違いない。

やはり、その場に行き、感じることが大切なのだ。

『出雲国風土記』から

そこで、本章では、これまでの日本宗教文化論の議論を踏まえた上で、『風土記』『万葉

集』を資料として、七世紀後半から八世紀に生きた人びとの、「モリ」に対する信仰のありようについて考えてみたい、と思う。

『万葉集』の時代、人びとは「モリ」について、どのような考え方を持っていたのだろうか。同時代の古代文献のなかに、律令国家の諸地域の地形や気候、産物や伝えをまとめて上申した『風土記』という報告書がある。その一つが『出雲国風土記《いずものくにのふどき》』である（天平《てんぴょう》五年［七三三］撰上）。そのなかに、次のような記載がある。

足高野山《あしたかのやま》。郡家《こほりのみやけ》の正西《まにし》一十里《さと》廿歩《あし》なり。高さ一百八十丈《つゑ》、周《めぐ》り六里《さと》なり。土体《つち》豊沃《こ》え、百姓《おほみたから》の膏腴《ゆたか》なる園《その》なり。樹林《はやし》なし。但《ただ》、上頭《みね》に樹林《はやし》在《あ》り。此《こ》れすなはち神《かみ》つ社《やしろ》なり。（秋鹿《あいか》の郡、足高野山条、傍線は引用者）

ここは、地形についての解説をし、その地に住む人びとの暮らしについて書かれた部分である。『風土記』は、このように、地形と人びとの暮らしとの関わりあい、さらにはその地の言い伝えを具体的に書き記す書物といってよい。以下は拙訳である。

足高野山。その山は、郡の役所の正西十里二十歩にあり、高さ百八十丈、周り六里。

地味はたいそうよく肥え、土地の人びとにとっては膏《あぶら》ぎって肥満した腹のように豊かな美田となっている。林はない。ただし、頂上近くに林があり、これが、神社となっているのである。

足高野山という山があり、その頂に樹林があり、秋鹿の郡の人びとは、その樹林を「神の社」としているというのである。では、なぜこういった記載がなされているのだろうか。それは、この時代になると、むしろ、「社殿」のない「神社」の方が奇異と感じられはじめたからであろう。

傍線部の「但《ただ》、上頭《みね》に樹林《はやし》在《あ》り。此《こ》れすなはち神《かみ》つ社《やしろ》なり」の記述は、社殿のない「神社」を奇異としながらも、それを「神社」と認めている言い回しである。つまり、社殿のある「神社」を通常の形態(常態)とした時代には、社殿がないことの説明が必要となるのである。そのため、この『風土記』の記事の場合、樹木をもって社殿とみなす、という説明がなされているのであろう。

いかなる事物も崇拝の対象になるというのであれば、社殿など不要のはず。ところが、仏教寺院が各地に建立されるようになると、寺院に倣い、社殿が造られるようになる。すると、今度は、社殿のないことの方を説明する必要が生じたのであろう。つまり、崇拝の対象物を建物で守ろうとする考え方が生まれてくるのである。

ここで、私が序章において述べた二つの見聞記のことを想起して、この『風土記』の記述と重ね合わせてほしい、と思う（四〜五頁、八〜九頁）。今日、神社といえば、ほとんどの人びとが、その社殿、神社建築を想起する。そういった時代となっても、社殿を持たない森（モリ）の神々、野の神々が、この列島には、無数にいるのだ。

いや、今もって生まれ続けているのだ。日本人は、神も仏も使い分け、かつその崇拝対象を守る建物のあり方も使い分けてきたのである。

『万葉集』の「モリ」

では、『万葉集』に登場する「モリ」は、どのような特性を持っているのだろうか。『万葉集』は七世紀中葉から八世紀後半の人びとの歌を集めた歌集である。ならば、『万葉集』を資料として取り扱う場合、どんな点に留意しなくてはならないのだろうか。次の点については、充分に考慮しておく必要があると考えられる。

一、あくまでも、歌のなかの表現であることを考慮しなくてはならない。万葉歌は、主として恋歌から発想されるものであり、その歌のなかに登場する「モリ」であることを念

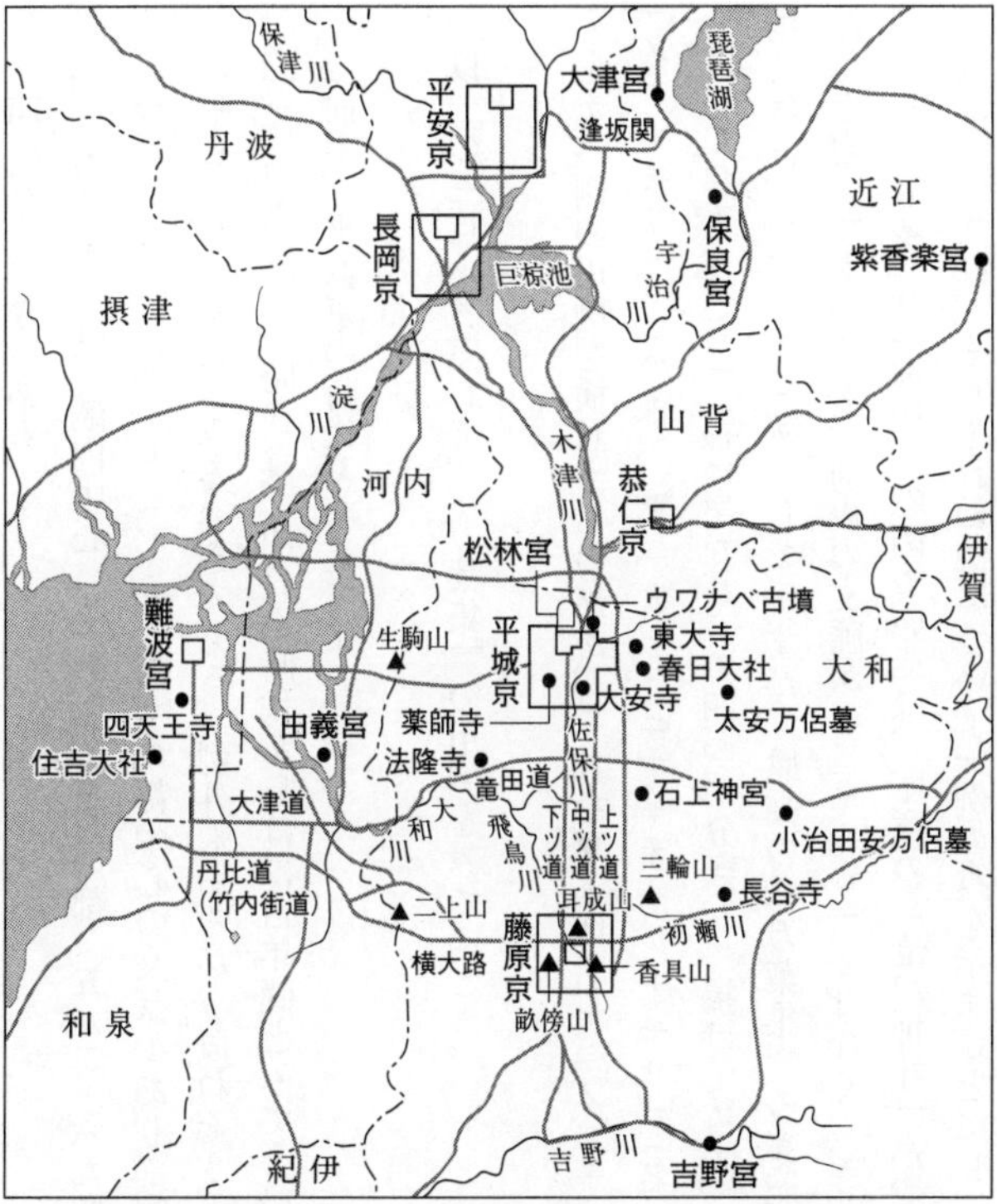

図５　転々とする都　藤原京（遷都は694年）→平城京（同710年）→恭仁京（同740年）→難波宮（同744年）→紫香楽宮（同745年）→平城京（同745年）→長岡京（同784年）→平安京（同794年）と、めまぐるしく移り変わった。原図は奈良文化財研究所による

頭に置くべきである。

二、『万葉集』は、畿内中心、それも明日香の都（五九二～六九四）・藤原の都（六九四～七一〇）・平城《なら》の都（七一〇～七八四）の都中心の文芸であり、官人（役人）と貴族たちを中心とした文芸とみるべきである。例外もあるが、概《おおむ》ねそうみて大過ない。

三、『万葉集』の時代は、明日香時代からほぼ百年間とみてよいが、その中心は、八世紀前半、平城京の時代と考えてよい。

以上の三点を考慮して、『万葉集』の用例をみてゆこう。

全十六例の用例を検討するのだが、それを▼「地名＋〔ノ〕＋モリ」（～の森）、▼「コ＋〔ノ〕＋モリ」（この森）、▼「ナ＋〔ニ〕＋オヘル＋モリ」（名に負へる森）、▼「モリ＋〔ニ〕＋ハヤ＋ナレ」（森に早なれ）の四つに分類して掲げてみる。ただ、書き下し文で示す場合には、「モリ」に統一して示すが、原文の『万葉集』の表記はさまざまで、「社」「神社」と書いてあっても、前後の文脈から「ヤシロ」ではなく「モリ」と訓まなくてはならないところも多い。「神社」の例でいえば、序章の「泣沢神社」が、よい例である（一二頁）。用例については、それぞれの例について一例のみを示すことにし、全用例一覧は、章末に示すことにした。読者には煩瑣《はんさ》の労をおかけすることになるが、一例のみみていただければ充分である。ただ、細かくみることができるように用例の一覧を付すことにした。

『万葉集』における「モリ」の用例

▼地名＋〔ノ〕＋モリ（〜の森）

1　カムナビの　磐瀬《いはせ》のモリの　呼子鳥《よぶこどり》　いたくな鳴《な》きそ　我《あ》が恋増《こひま》さる

（巻八の一四一九）大和・竜田・磐瀬

このほかに、章末に掲げた十二例（2〜13）の用例がある。「地名＋のモリ」で表現されるのは、各地域には各地域において、単に「モリ」とのみ称される場所があるからであり、各地域ごとに「モリ」があるゆえに、地名を冠して呼び分ける必要があるからである。換言するならば、それぞれの土地に神がいるために、「神社」に地名を冠して区別するのと同じである（三二頁）。

「カムナビ」とは、神のいますところという言葉で、訳すと、「カムナビである磐瀬《いわせ》のモリの呼子鳥よ、たいそう鳴いてくれるなよ、我の恋心が増して（苦しくなるばかりだからね）」となろうか。

多くの人びとが、その地を訪れれば、そこで歌も歌われる。さらには、歌が有名になればなるほど、その歌に似た歌がまた生まれるという循環が生まれるのである。万葉時代の旅人は、通過する地点の「モリ」の神々に、個人の祈願を行なったのであるが、大和の磐瀬のモリや山背《やましろ》の石田《いわた》のモリ（4など）は、ことに有名だったようである。『万葉集』に大和の竜田の磐瀬のモリの歌が収載された理由を、私は以上のように考えている。

▼コ＋〔ノ〕＋モリ（この森）

14 木綿《ゆふ》掛《か》けて　斎《いは》ふこのモリ　越えぬべく　思ほゆるかも　恋《こひ》の繁《しげ》きに

（巻七の一三七八）不明

木綿とは、楮《こうぞ》などの木の繊維を蒸して、水に曝《さら》して漂白したものをいう。それは、神への捧げものともなり、時として祭場を表す「標《しるし》」となる。だから、この木綿は、今日、神社で使用されている紙製の御幣《ごへい》の原型とも考えることができる。

「斎ふ」とは、清浄にして、神を祀る行為をいう言葉である。訳すと、「たとえ、木綿を掛けて、大切に祀られているこのモリだって――、禁を犯して踏み入ってしまうほどに、俺の恋心は燃え盛っている。自らの恋の激しさのために」となろうか。

▼ナ＋〔二〕＋オヘル＋モリ（名に負へる森）

15　……君が見む　その日までには　山おろしの　風な吹きそと　うち越えて　名に負《お》へるモリに　風祭《かざまつり》せな

（巻九の一七五一）大和・竜田・磐瀬

「名に負ふ」とは、名前を背負うということだから、「有名な」ということである。ここでは竜田の神が風の神であるから、桜の花が散ってしまわないように、有名な竜田のモリの風の神に祈ろうというのである。

▼モリ＋〔二〕＋ハヤ＋ナレ（森に早なれ）

16　朝《あさ》な朝《さ》な　我《わ》が見る柳　鶯《うぐひす》の　来居《きゐ》て鳴くべき　モリに早《はや》なれ

（巻十の一八五〇）不明

この例は、「自分が朝な朝な見て楽しみにしている柳が大きくなって、早く「モリ」になってほしい。そうすれば、鶯がやって来る「モリ」となり、鳥の姿と鳴き声を楽しむことができるようになるから」という歌である。

さて、これらの例にざっと目を通してわかることは、その多くが「モリ」に対する祈願や手向けに関わるものである、ということである。旅の安全や恋の成就といった個人的な祈願の場になっているところに、当時の「モリ」の信仰の一端を垣間見ることができよう。さらには、「モリ」と恋心とが結びつけられて、歌が発想されている例も多い（1・4・5・7・8・11・12・14）。それは、「モリ」の歌の一つのパターン（類型）である。古典和歌というものには、常に発想の類型がある。類型性があるということは、「モリ」が一般的に恋の祈願の場ともなっていたことを表している。このようにみてゆくと、「モリ」に祈られたのは、きわめて個人的な願いということになる。「モリ」の神とは、なんと身近な神であることか。

次に注目したいことは、〈地名＋の＋モリ〉という用例が、十六例のうち十三例を占めるという事実である。地名を冠するのは、「モリ」が至る所にあり、どこの「モリ」か区別して表現するためであることは間違いない。そして、その「モリ」は、その土地土地の神の「気配」を感じさせる場所だったのである。

どこの「モリ」が万葉歌には歌われているのか？

地名と神が、古代社会においては、不離一体のものであったことは、すでに述べたところである(二七頁)。そこで、章末の用例一覧の「モリ」の用例を土地ごとに整理してみよう。

大和国
磐瀬(いわゆる竜田の「カムナビ」で、奈良県生駒郡斑鳩町《いかるがちょう》稲葉車瀬《いなばくるませ》のモリと考えられている)……1・2・3・15
雲梯《うなで》(「出雲国 造 神賀詞《いずものくにのみやつこのかんよごと》」に登場する「カムナビ」で、奈良県橿原市《かしはら》雲梯町《うなてちょう》の河俣《かわまた》神社と考えられている)……7・8
泣沢(奈良県橿原市木之本町《きのもとちょう》あたりと考えられている)……9
浮田《うきた》(奈良県五條市《ごじょう》今井町《いまいちょう》荒木山の荒木神社と考えられている)……10
山背国
石田(京都市山科区《やましな》小山神無森町《こやまかみなしもりちょう》あたりと考えられている)……4・5・6
紀伊国
妻《つま》(和歌山県橋本市《はしもと》妻あたりと考えられている)……11
筑紫国《つくしのくに》
大野《おおの》の三笠《みかさ》(福岡県大野城市《おおのじょう》山田《やまだ》あたりと考えられている)……12

以上のように整理してみると、次のことが明らかとなる。それは、大和国以外の「モリ」が詠み込まれている例も少なからず存在する、という事実である。

これは、後述する「ミモロ」や「カムナビ」という万葉歌語とは、決定的に違うところである（八一頁）。『万葉集』においては、「カムナビ」といえば明日香のそれを指す例が圧倒的に多く、明日香川とともに旧都・明日香を代表する風景であった（一〇六頁）。しかし、明日香のカムナビや、三輪山《みわやま》、春日山《かすがやま》などの有名な聖地を、単に「モリ」とのみ呼称することはない。けれども、それらの山々が、神のいます樹林に覆われた地であることは、万葉歌にも表れているとおりである。だとすれば、「ミモロ」や「カムナビ」と呼ばれる聖地は、「モリ」のなかでもことに特別な「モリ」であったことを表していると考えねばならないだろう。

そこで、以上の内容を踏まえつつ、万葉の「ミモロ」とは、いったいどのような聖地であったと考えればよいのか。以下、具体的に考えてみよう。

「ミモロ」の意味

まず、「ミモロ」という語の解釈について、今日においても多くの研究者の信頼を集めている辞典の記述からみてみよう。『時代別国語大辞典　上代編』（上代語辞典編修委員会編、三省堂、一九八五年、初版一九六七年）には、「みもろ（名）神の降り来臨する場所。神を斎《いつ》き祀《まつ》る樹叢《じゅそう》」とある。樹叢、すなわち「モリ」である。「ミモロ」については、いくつかの語源説があり、「ミ（尊敬を表す接頭語）＋モロ」説で、「モロ」を室とする説もあるが、森とするのが有力である。「ミ＋モリ（森）」で、大切な「モリ」、尊い「モリ」と考えてよい。

つまり、「ミモロ」とは、「モリ」を敬って表現した言葉と考えればよいのである。さらに、その「モリ」という言葉の語源が、何かが盛り上がることを表す「盛《もり》」からきたのなら、尊く木々が盛り上がる場所という意に通じるかもしれない。

そこで、以下、用例をみながら考えてみよう。次に挙げるのは、「ミモロ」「ミムロ」と、さらには場所を表す形態素「ト」を伴った「ミモロト」「ミムロト」の用例である。

▼ミモロ＋「ノ」＋カムナビ（ミモロのカムナビ）

1　ミモロの　カムナビ山に　五百枝《いほえ》さし　しじに生《お》ひたる　つがの木の……

（巻三の三二四）大和・明日香

このほかに章末に掲げた二例（2と3）がある。「カムナビ」は、神のいます場所であるから、「ミモロであるカムナビ」という言い方が成り立つのである。と同時に、次にみるように、逆に「カムナビ＋〔ノ〕＋ミモロ」という言い方も成り立つ。

▼カムナビ＋〔ノ〕＋ミモロ（カムナビのミモロ）

4 ……五百万《いほよろづ》 千万神《ちよろづかみ》の 神代《かみよ》より 言ひ継《つ》ぎ来《き》たる カムナビの ミモロの山は……

（巻十三の三二二七）大和・明日香

このほかに、章末に掲げた二例（5と6）がある。以上のように整理してみると、「ミモロ＋〔ノ〕＋カムナビ」「カムナビ＋〔ノ〕＋ミモロ」と表現されている聖地は、明日香を歌う時に必ずといってもよいほど登場する場所であることがわかる。

突飛なもの言いとなってしまうが、〈明日香→ミモロ〉の結びつきには、現代日本人が抱く〈パリ→エッフェル塔〉〈エジプト→ピラミッド〉と同じくらいの強いイメージの結びつきがあるのではないか。それは、ステレオ・タイプ化した一つのイメージでしかないのだが――。

それほどに、明日香のミモロが有名だったということである。

▼ミモロ＋〔ノ〕＋ヤマ（ミモロの山）／ミムロ＋〔ノ〕＋ヤマ（ミムロの山）／ミモロ＋〔ト〕＋ヤマ（ミモロト山）／ミムロ＋〔ト〕＋ヤマ（ミムロト山）

7　ミモロの　その山並《やまなみ》に　児《こ》らが手を　巻向山《まきむくやま》は　継《つ》ぎの宜《よろ》しも
（巻七の一〇九三）大和・三輪

このほかに、章末に掲げた六例（8～13）も入る。これらの例は、「ミモロ」が「モリ」であり、それが山であることを表現している例である。「ミモロ」は語源的には山を意味するものではない。しかし、事実上、山が多かったと考えてよいだろう。だから、「ミモロの山」と称するのである。そのモリ山が、明日香・三輪の里の人びとの崇拝の対象となっていたことを示している例である。

▼ミモロ＋〔ノ〕＋カミ（ミモロの神）

14　ミモロの　三輪の神杉《かむすぎ》　已具耳矣自得見監乍共　寝《い》ねぬ夜《よ》ぞ多き
（巻二の一五六）大和・三輪

15　木綿《ゆふ》掛けて　祀《まつ》るミモロの　神《かむ》さびて　斎《いは》ふにはあらず　人目《ひとめ》多みこそ
（巻七の一三七七）大和・三輪

16　ミモロの　神の帯《お》ばせる　泊瀬川《はつせがは》　水脈《みを》し絶えずは　我《あれ》忘れめや

（巻九の一七七〇）大和・三輪

14の「已具耳矣自得見監乍共」は、訓義未詳である。ただ、言えることは、「ミモロ」の「三輪の神杉」について述べた歌だということだけである。

15の「神さび」とは神々《こうごう》しいということである。15の歌を仮に訳すと、「木綿を掛けて、お祀りをする「ミモロ」のように、神々しくいつき祀るように祀り上げて遠ざけているのではありません。ほんとうは、頻繁にお逢《あ》いしたいのですけれど、なにせ人目が多いのです」となろうか。

16の歌は、泊瀬川が三輪山の帯であるかのように流れている。すなわち、山を巡るように流れている様子を歌い、その水が絶えない限り、私はあなたのことを忘れません、という歌である。つまり、永遠に忘れないという気持ちを伝える歌である（一四一〜一四二頁）。これらの例は、ミモロが神を祀る祭場となっていたことを踏まえて歌われているといえよう。

▼ミモロ＋ツク（ミモロつく）

17　……ミモロつく　鹿背山《かせやま》のまに　咲く花の　色めづらしく……

（巻六の一〇五九）山背・久邇京《くにのみやこ》・鹿背山

ほかに、章末に掲げた一例(18)がある。「ミモロ＋ツク」は、解釈が難しいが、仮に「ミモロのある〜」と解釈することは可能である。だとすれば、鹿背山（京都府木津川市《きづがわ》）のなかに、「ミモロ」と称される「モリ」があったと考えてよいだろう。

▼ミモロ＋〔ハ〕（ミモロは）

19 ミモロは 人の守《も》る山 本辺《もとへ》には あしび花咲き 末辺《すゑへ》には 椿《つばき》花咲く……

（巻十三の三二二二）不明

「ミモロは 人の守る山」とは、「ミモロ」が人によって管理される聖地であったことを表している（一六一〜一六二頁）。「モリ」の伐採の管理、人の出入りの管理などがなされ、人によって守られた土地なのである。

▼イツク＋ミモロ＋〔ノ〕＋ウメ＋〔ノ〕＋ハナ（斎くミモロの梅の花）

20 春日野《かすがの》に 斎《いつ》くミモロの 梅の花 栄《さか》えてあり待て 帰り来《く》るまで

（巻十九の四二四一）大和・春日

「斎く」は、神に仕えることをいう。また、神に仕えるために、清浄を保つことをいう。この歌は、遣唐使たちが、航海の安全祈願のために春日の神を祀った日に、その大使であった藤原清河《きよかわ》が歌った歌である。ために、春日野（奈良市春日野町）の一部に「ミモロ」があったことがわかる歌である。

▼イハフ＋ミモロ＋〔ノ〕＋マソカガミ（斎ふミモロのまそ鏡）

21　祝《はふり》らが　斎《いは》ふミモロの　まそ鏡　かけて偲《しの》ひつ　逢ふ人ごとに

（巻十二の二九八一）不明

「祝《はふり》」は、神に仕える人をいう言葉。「斎ふ」は前述した（六〇頁）。「まそ鏡」は、真澄鏡の意味で、曇りなく、よく影を映す鏡のことをいう。祭りの道具としては、木に掛けて使用するので、「かく（掛ける）」を起こす序となっている。仮に訳すと、「祝たちがねんごろにお祀りをするミモロのまそ鏡のように、私は心にかけて、人を偲んだ。多くの人に逢うたびに」となろうか。多くの人に逢えば逢うほど、思いを寄せる唯一の人である恋人のことが思い起こされてならないという歌である。

▼ミモロ＋〔ヲ〕＋タテテ（ミモロを立てて）

22 ……我《わ》がやどに　ミモロを立てて　枕辺《まくらへ》に　斎瓮《いはひへ》を据《す》ゑ　竹玉《たかたま》を　間《ま》なく貫《ぬ》き垂《た》れ　木綿《ゆふ》だすき　かひなに掛けて……

（巻三の四二〇）不明

この例からは、家の庭の木々についても、時には「ミモロ」と称することがあったことがわかる。この歌は、「石田王《いはたのおほきみ》が卒《みまか》りし時に、丹生王《にふのおほきみ》の作る歌」で、挽歌《ばんか》に分類されている歌である。この歌に登場する祭祀は、丹生王が自らの家で石田王に再び逢おうとして行なった祭祀と考えてよい。

しかしながら、死後に行なった祭祀であるのか、生き別れの段階での祭祀であったのかは不明である。生き別れの期間を経て、死に別れになったとも考えられ、この部分が死後の葬礼を写している可能性も高い。ただ、どちらにしても石田王との再会を期しての祭祀であったことは、間違いない。「ミモロを立てて」とあるのは、自分の家の庭にある特定の樹木などを、「ミモロ」に見立てて解釈せざるを得ない。

時として、庭の樹木を「ミモロ」に見立てて、竹で作った管玉《くだたま》や木綿で祭祀することもあったようである。いわゆるこれが、神のいます座である「ヒモロキ」である。「ヒモロキ」と「ミモロ」は、その意味で関係がありそうな言葉なのだが、私には残念なことに、それを証明する能力がない。

言葉の使用法からわかること

言葉の使用法から推定できる点をみておくと、たとえば、15「木綿を掛けて祀る」というのであれば、三輪山のなかでも、特定の「モリ」ないし樹木を指していると考えるのが、よいだろう。つまり、〈神のモリ〉〈神の木〉を指すのが基本だが、そのなかでも尊い場所を「ミモロ」と呼ぶと考えておけばよいと思われる。

もちろん、明日香のカムナビ、三輪山全体の「モリ」を指すような例の方が大多数であることを考えると、広い範囲の「モリ」が一般的にはイメージされていた、とは思われる。だから、神のいます場所を表す「カムナビ」と同格で、「ミモロ」が詠み込まれるのである（1〜6）。しかしながら、特定の樹木や、限られた小さな空間の「モリ」を指す用例も、少数ながら存在している（22）。つまり、山全体も、山の一部も、「ミモロ」といったと考えるしかない。

なお、章末に示した1（つがの木）、6（杉）・14（杉）、20（梅）などの例をみると、「ミモロ」にあった樹種を知ることができる。『万葉集』は、断片的ではあるが、時として興味が尽きない情報を伝えてくれるのである。

「ミモロ＋ツク」は、難しい表現。神のいます山岳や樹叢のなかでも、三輪山等の祭祀が行なわれる限定された空間を備えた山を「ミモロつく」山というのであり、だから神のいます山を想起させる修飾句（枕詞）となり得るのだ、といえないだろうか。今は、そう推定しておく。

古代には、「ミモロ」の木を伐採する民は野蛮な民であるという認識が存在していた（七七頁）。

また、「ミモロ」の「モリ」が、神を迎える祭場として厳重に管理されていたことは、歌の表現からも、断片的だが推測することができる。「ミモロ」は、「人の守る山」（19）であり、「祝ら」（21）が、「神さび」（15）た景観を維持するために大切に祀る場所であった、といえよう。次に紹介する歌は、そういった「ミモロ」の木と「モリ」に関する宗教的な禁忌が表現された歌である。

丹波大女娘子《たにはのおほめのをとめ》が歌三首

［第一首省略］
味酒《うまさけ》を　三輪《みわ》の祝《はふり》が　斎《いは》ふ杉　手触《てふ》れし罪《つみ》か　君に逢《あ》ひ難《がた》き
［第三首省略］
（巻四の七一二）

祝という宗教者が、「斎ふ」すなわち大切に祀るということである。訳すと、

丹波大女娘子の歌三首
［第一首省略］
三輪の神主が大切に祀る杉　その杉に触れた罪なのか　あなたにお逢いすることがかないません
［第三首省略］

となろうか。さらに、次のような歌もある。

旋頭歌《せどうか》

み幣《ぬさ》取り　三輪《みわ》の祝《はふり》が　斎《いは》ふ杉原　薪伐《たきぎこ》り　ほとほとしくに　手斧《てをの》取らえぬ
（巻七の一四〇三）

この歌は、二重の意味のあるユーモラスな歌である。訳すと、

旋頭歌

神への捧げ物を手に持って　三輪の祝たちが大切に祀る杉原　その杉原に薪になる木を伐ろうとして入って　危ういところで　祝たちから手斧を没収されるところだったなぁ

（深窓の令嬢に手を出そうとして、たいへんなことになっちまったよ——）

となろうか。つまり、手で触れれば罪を得ることとなり、許可なく伐採すれば処罰されるというのである。一四〇三番の歌は、それが高貴な身分の女に手を出して、困った事態を招いたことの比喩に使われているのである。

したがって、二つの歌は宗教的禁忌をそのまま歌ったのでなく、恋することで犯した過ちに対する罰を、祝の厳しい「モリ」の管理に喩えて歌った歌だということができる。しかし、この比喩から、三輪のミモロの聖地の性格を類推することは可能である。では、どんなこと

を類推することが可能かといえば、三輪の祝が行なった「ミモロ」の管理は、多くの人びとによって認知されていたという事実である。そして、その管理は、禁忌（タブー）を伴っていたのであった。

禁忌と侵犯と

広く認知されていたからこそ、禁忌の比喩として使用されているのである。禁忌の侵犯に対しては、当然、罰が加えられる。『日本書紀』景行《けいこう》天皇五十一年八月条には、服属民として強制移住を強いられていた蝦夷《えみし》について、次のような話が載せられている。倭姫命《やまとひめのみこと》によって、伊勢神宮から追放され、大和の天皇のもとに献上された蝦夷の記事である。ここは、拙訳のみを示しておこう。

そこで、ミモロの山のほとりに蝦夷たちを住まわせることとなった。ところが、まだどれほど時も経っていないのに、ことごとくに三輪山の樹木を伐り、村里で大声を上げて人民を脅かしたのであった。天皇はこれをお聞き及びになって、有力な臣下たちに詔《みことのり》して、「その三輪山のほとりに住まわせた蝦夷たちは、本来、人の顔をしながら獣のごとき凶暴な心を持っており、都に近い国に住まわせるのは難しい、と思う。それゆえに、その願いどおりに、都から遠い地の国々に分けて住まわすがよい」とご命令を下されたのであった。これが、今の播磨《はりま》・讃岐《さぬき》・伊勢《いせ》・安芸《あき》・阿波《あわ》、合わせて五か国に居住している佐伯部《さえきべ》の先祖である。

（景行天皇五十一年八月条）

これは、蝦夷が、各国の佐伯部の始祖となった起源を説明する言い伝えである。少なくとも、『日本書紀』の編纂《へんさん》段階で、地方の佐伯部に対してかくのごとき位置づけがなされていたことを物語るものであろう。この話は、三輪山の山麓《さんろく》に強制移住させられた蝦夷が畿外に遣わされた理由として、「ミモロの山」の「樹木を伐」ったことを挙げている。それも、第一の理由として挙げている。おそらく、第一の理由となったのは、「ミモロ」の木の伐採が、重い罪であったからであろう。

換言すれば、かくのごとき禁忌の意識を共有しない「人民」は、〈化外《けがい》の民〉であるという位置づけがなされていたのである。「ミモロ」の木を伐ることは、化外の民、すなわち野蛮人（文字どおり差別的意味合いがある）の所行とされたのであった。だから、畿内国すなわち都の周辺には、住むことが許されなかったのである。

「ミモロ」と垣根と

ところで、縷々《るる》述べたような管理下にある「ミモロ」に、垣根が築かれることもあったようである。『古事記』の雄略《ゆうりゃく》天皇の引田部赤猪子《ひけたべのあかいこ》の話のなかに、次のような歌が挿入されている。

ミモロに　築《つ》くや玉垣《たまかき》　つき余《あま》し　誰《た》にかも依《よ》らむ　神の宮人《みやひと》

（『古事記』下巻、雄略天皇、記歌謡九三）

訳すと、「ミモロに築かれた立派な垣根。その垣根にいます神に仕えてきたのに、これからは誰を頼って生きてゆけばよいのか、神の宮を守る宮人である私めは……」となろうか。物語のなかでは、天皇に見初められて、天皇のお召しをひたすら待ち続けているうちに、娘盛りを過ぎてしまった赤猪子なる女性の心情を吐露する役割を持っている歌である。この歌によれば、「ミモロ」に垣根が存在したことがわかる。それは、当該歌では「神の宮人」と表現される「祝《はふり》」が守ったものと、考えることができよう。その「ミモロ」の木は、祝たちが管理し、宗教的禁忌によって守られているのだが、垣根で囲むことも行なわれた。聖域の保全が祝と呼ばれる人びとによってなされていることを忘れてはならないのである。

つまり、「ミモロ」とは、宗教上好ましい景観を保全するために、祝と呼ばれる宗教者によって管理されていた「モリ」ということができるのである。

「モリ」と「ミモロ」と

ここで、「モリ」の用例の話を思い出してほしい（五九頁）。「モリ」の用例のほとんどには、地名が冠せられていたことを。そして、その地名は大和の磐瀬・雲梯・泣沢・浮田をはじめ、山背（石田）・紀伊（妻）・筑紫（大野の三笠）に及んでいることを、さらに思い出してほしい（六三頁）。さすれば、「ミモロ」はどうであろうか。場所ごとに、巻末に示した用例一覧を整理してみるとこうなる。

大和国
　明日香のカムナビ……1・3・4・5・6・10
　三輪……7・8・9・12・14・15・16・18
　春日……20
山背国
　鹿背山……17

一見してわかることは、「モリ」と重なるところが、まったくないことである。つまり、万葉歌の表現としては、「アスカ＋ノ＋モリ」「ミワ＋ノ＋モリ」という表現は存在しないのである。『万葉集』では、これらは、もっぱら「ミモロ」をもって呼称されている。万葉歌の言葉としては、「ミモロ」といえば、三輪山か、明日香のカムナビを指すという原則が存在しているのである。

神のいます「モリ」ならば、どこを「ミモロ」と言ってもいいはずなのだが、万葉歌では三輪山ないし明日香を指す例が圧倒的なのだ。三輪山、明日香のカムナビ、春日などは、誰もが知っている聖地であり、「ミモロ」という、こういったなかば固有名詞化した表現が可能なのである。

では、「ミモロ」が特定の聖地を示すのは、いったい何に由来するのであろうか。「ミモロ」は、都であった明日香京・藤原京・平城京・久邇《くに》京（恭仁京）から朝夕に望むことのできる山であり、都を守護する「モリ」であることに由来しているのである。さらには、「ミモロ」は国家や天皇と深く関わる祭祀が行なわれた場所であり、その「ミモロ」の起源を説明する神話を持った山なのであった。いわば、王権祭祀の祭場なのだ。山背の鹿背山（「ミモロ」17、六八頁）も、久邇の新京においてそういった役割を期待されていた、と思われる。

対して「モリ」は、そういった都の守護と関わるようなところではなかったのである（「モリ」16、六一頁）。磐瀬・浮田・石田・妻の「モリ」などは、交通の要衝にある土地の神であり、手向けや個人的な祈願が行なわれた場所であった、ということができる。

以上、考察してきた「モリ」「ミモロ」という語について、「ミモロ」と同格で表現される「カムナビ」との関係も含め、ここで整理しておこう。

一、『万葉集』においては、「カムナビ」といえば、明日香のそれを指すという原則があるのだが（一〇六頁）、「ミモロ」は、三輪山と明日香のカムナビを指す例がほとんどである。

二、「モリ」には、そういった固有名詞化した用法はなく、もっぱら地名を冠して用いられる。つまり、「ミモロ」とは、「モリ」のなかでも、多くの人びとが信仰の対象にしている有名な「モリ」ということができるのである。『万葉集』が、畿内中心、都中心の文芸であることはすでに述べたが（五八頁）、『万葉集』の「ミモロ」が都の周辺に集中する理由は、ここにあるのである。

わかることとわからないこと

以上の万葉歌の分析を通じてわかってきたことは何か？　それは、古代の祭場のありようの一端である。しかしながら、ここからわかり得る事実とは、あくまでも万葉歌の言葉の使用法からわかる事実でしかないという限定つきのものなのだが。

けれども、それは史書からは得られない情報でもある。まさに、古代生活の一端だ。たとえば、「モリ」に対する個人的祈願の意識などは、史書には絶対に登場し得ない。なぜならば、史書には、個人の思い、なかんずく個人の恋心など、記述されるはずもないからである。仏堂建築等の影響を受けて、社殿が成立したのちにおいても、社殿のない「モリ」の信仰が存在していたわけであり、本章では、そういった「モリ」に対する意識を明らかにできた、と思う。

では、こういった祭場が祭場であるためには、どんな状況が必要なのだろうか。当たり前のことだが、特定の場所が祭場であるということが多くの人に認識されていなければならない。特定の場所が祭場であるということが、その祭祀に関わる人間に認識されていれば、それだけでよいはずである。しかしながら、それだけでは、外部の人間には、そこが祭場であることは、わかりにくい。外部の人間には、どうしても説明が必要なのである。

祭場と聖地の標示方法

「モリ」が祭場であるということが認知されているのならば、その場所の木を伐ってはならないとする禁忌は守られてゆくはずである。結局は、こういった禁忌の意識こそが、「モリ」を守るのである。

そして、その特定の「モリ」に、標《しめ》・斎串《いぐし》・木綿《ゆう》などの標示物が示され、ここが祭場であることが示されるのである。つまり、標示物によって、神の降臨する時間と場所を示すのである。かくのごとき「モリ」の祭祀の一端が、万葉歌にも表現されているのであった。もちろん、そこには、禁忌の意識を共有しないマイノリティを化外の民として排除するしくみも存在していたのである（七七頁）。

こういった禁忌や標示物によって聖地を示す方法に対して、祭場の域を建造物で明示する方法も存在していた。それが、「カキ」（垣）の構築である。垣根で囲んでしまうのである。すると、垣の内側にはみだりに入ってはならないという禁忌が生まれることになる。垣根と禁忌が結びついているのには、こういった理由があるのだ。だから、万葉歌においては、〈垣根〉や〈標〉が《許されざる恋》の比喩となってゆくのである。

もう一つ、留意しておかなくてはならないこともある。それは、垣には、禁忌や標・斎串・木綿と決定的に違う点もあるということだ。それは、垣は、人がなかに入ることを物理的に阻止することができるという点だ。だから、垣の発生は、そのまま禁忌の意識を共有しない外部者の存在を暗示しているのである。わかりやすくいえば、敵の存在だ。

人はなぜ、垣根を作り、壁を作るのか。それは、人の心に、自他を区別する意識があるからである。そして、外部の他者に対し、価値観を共有しないと判断した瞬間から、垣や壁を作りだすのである。

やや衒学《げんがく》趣味的にいえば、ミモロの垣も、万里の長城も、ベルリンの壁も、この点では同じということになる。

『万葉集』における「モリ」の全用例

▼地名＋〔ノ〕＋モリ（〜の森）

1　カムナビの　磐瀬《いはせ》のモリの　呼子鳥《よぶこどり》　いたくな鳴きそ　我《あ》が恋増《こひま》さる
（巻八の一四一九）大和・竜田・磐瀬

2　カムナビの　磐瀬《いはせ》のモリの　霍公鳥《ほととぎす》　毛無《けなし》の岡《をか》に　何時《いつ》か来《き》鳴かむ
（巻八の一四六六）大和・竜田・磐瀬

3　もののふの　磐瀬《いはせ》のモリの　霍公鳥《ほととぎす》　今も鳴かぬか　山の常陰《とかげ》に

4　山科《やましな》の　石田《いはた》のモリに　幣《ぬさ》置かば　けだし我妹《わぎも》に　直《ただ》に逢《あ》はむかも
（巻八の一四七〇）大和・竜田・磐瀬

5　山背《やましろ》の　石田《いはた》のモリに　心鈍《おそ》く　手向《たむけ》したれや　妹《いも》に逢ひ難《がた》き
（巻九の一七三一）山背・石田

6　……千年《ちとせ》に　欠《か》くることなく　万代《よろづよ》に　あり通《がよ》はむと　山科《やましな》の　石田《いはた》のモリの　皇神《すめかみ》に
幣《ぬさ》取り向けて　我《われ》は越え行《ゆ》く　逢坂山《あふさかやま》を
（巻十二の二八五六）山背・石田

7　真鳥《まとり》住む　雲梯《うなで》のモリの　菅《すが》の根を　衣《きぬ》にかき付け　着せむ児《こ》もがも
（巻十三の三二三六）山背・石田

8　思《おも》はぬを　思ふと言はば　真鳥《まとり》住む　雲梯《うなで》のモリの　神し知らさむ
（巻七の一三四四）大和・雲梯

9　泣沢《なきさは》の　モリに神酒《みわ》据《す》ゑ　祈《いの》れども　我《わ》が大王《おほきみ》は　高日《たかひ》知らしぬ
（巻十二の三一〇〇）大和・雲梯

10　かくしてや　なほやなりなむ　大荒木《おほあらき》の　浮田《うきた》のモリの　標《しめ》にあらなくに
（巻二の二〇二）大和・泣沢

11　紀伊《き》の国に　止《や》まず通はむ　妻《つま》のモリ　妻寄《よ》しこせね　妻と言ひながら〔一に云《い》ふ、妻
賜《たま》はにも妻と言ひながら〕
（巻十一の二八三九）大和・浮田

12　思はぬを　思ふと言はば　大野《おほの》なる　三笠《みかさ》のモリの　神し知らさむ
（巻九の一六七九）紀伊・妻

13　妹《いも》が家に　伊久里《いくり》のモリの　藤《ふぢ》の花　今来《こ》む春も　常《つね》かくし見む
（巻十七の三九五二）伊久里、ただし場所不明

▼コ＋〔ノ〕＋モリ（この森）

14　木綿《ゆふ》掛《か》けて　斎《いは》ふこのモリ　越えぬべく　思ほゆるかも　恋《こひ》の繁《しげ》きに
（巻七の一三七八）不明

▼ナ＋〔ニ〕＋オヘル＋モリ（名に負へる森）

15　……君が見む　その日までには　山おろしの　風な吹きそと　うち越えて　名に負《お》へるモリに　風祭《かざまつり》せな
（巻九の一七五一）大和・竜田・磐瀬

▼モリ＋〔ニ〕＋ハヤ＋ナレ（森に早なれ）

16　朝《あさ》な朝《さ》な　我《わ》が見る柳　鶯《うぐひす》の　来居《きゐ》て鳴くべき　モリに早《はや》なれ
（巻十の一八五〇）不明

『万葉集』におけるミモロ・ミムロ・ミモロト・ミムロトの全用例

▼ミモロ＋〔ノ〕＋カムナビ（ミモロのカムナビ）

1　ミモロの　カムナビ山に　五百枝《いほえ》さし　しじに生《お》ひたる　つがの木の……
（巻三の三二四）大和・明日香

2　ミモロの　カムナビ山に　立ち向かふ　三垣《みかき》の山に……
（巻九の一七六一）不明

3　ミモロの　カムナビ山ゆ　との曇《ぐも》り　雨は降り来《き》ぬ……
（巻十三の三二六八）大和・明日香

▼カムナビ＋〔ノ〕＋ミモロ（カムナビのミモロ）

4　……五百万《いほよろづ》　千万神《ちよろづかみ》の　神代《かみよ》より　言ひ継《つ》ぎ来《き》たる　カムナビの　ミモロの山は……
（巻十三の三二二七）大和・明日香

5　……カムナビの　ミモロの神の　帯《おび》にせる　明日香《あすか》の川の　水脈《みを》速《はや》み……
（巻十三の三二二七）大和・明日香

6　カムナビの　ミモロの山に　斎《いは》ふ杉　思ひ過ぎめや　苔生《こけむ》すまでに

（巻十三の三二二八）大和・明日香

▼ミモロ＋〔ノ〕＋ヤマ（ミモロの山）／ミムロ＋〔ノ〕＋ヤマ（ミムロの山）／ミモロ＋〔ト〕＋ヤマ（ミモロト山）／ミムロ＋〔ト〕＋ヤマ（ミムロト山）

7　ミモロの　その山並《やまなみ》に　児《こ》らが手を　巻向山《まきむくやま》は　継《つ》ぎの宜《よろ》しも

（巻七の一〇九三）大和・三輪

8　我《あ》が衣《ころも》　色どり染めむ　味酒《うまさけ》　ミムロの山は　黄葉《もみち》しにけり

（巻七の一〇九四）大和・三輪

9　味酒《うまさけ》の　ミモロの山に　立つ月の　見が欲《ほ》し君が　馬の音《おと》そする

（巻十一の二五一二）大和・三輪

10　月《つき》も日《ひ》も　変はらひぬとも　久《ひさ》に経《ふ》る　ミモロの山の　離宮所《とつみやどころ》

（巻十三の三二三一）大和・明日香

11　見渡しの　ミムロの山の　巌菅《いはほすげ》　ねもころ我《あれ》は　片思《かたもひ》そする〔一に云ふ、ミモロの山の　岩小菅《いはこすげ》〕

（巻十一の二四七二）不明

12　玉くしげ　ミモロの山の　さな葛《かづら》　さ寝《ね》ずは遂《つひ》に　ありかつましじ〔或本《あるほん》の歌に曰《いは》く、玉くしげ　ミムロト山の〕

（巻二の九四）大和・三輪

13 玉櫛笥《たまくしげ》 ミモロト山を 行《ゆ》きしかば おもしろくして 古《いにしへ》思ほゆ （巻七の一二四〇）不明

※4（巻十三の三二二七）、6（巻十三の三二二八）も入る。

▼ミモロ＋「ノ」＋カミ（ミモロの神）

14 ミモロの 三輪の神杉《かむすぎ》 已具耳矣自得見監乍共 寝《い》ねぬ夜《よ》ぞ多き （巻二の一五六）大和・三輪

15 木綿《ゆふ》掛けて 祀《まつ》るミモロの 神《かむ》さびて 斎《いは》ふにはあらず 人目《ひとめ》多みこそ （巻七の一三七七）大和・三輪

16 ミモロの 神の帯《お》ばせる 泊瀬川《はつせがは》 水脈《みを》し絶えずは 我《あれ》忘れめや （巻九の一七七〇）大和・三輪

※5（巻十三の三二二七）も入る。

▼ミモロ＋ツク（ミモロつく）

17 ……ミモロつく 鹿背山《かせやま》のまに 咲く花の 色めづらしく…… （巻六の一〇五九）山背・久邇京・鹿背山

18 ミモロつく 三輪山《みわやま》見れば こもりくの 泊瀬《はつせ》の檜原《ひばら》 思ほゆるかも （巻七の一〇九五）大和・三輪

▼ミモロ＋〔ハ〕（ミモロは）

19　ミモロは　人の守《も》る山　本辺《もとへ》には　あしび花咲き　末辺《すゑへ》には　椿《つばき》花咲く……

（巻十三の三二二二）不明

▼イツク＋ミモロ＋〔ノ〕＋ウメ＋〔ノ〕＋ハナ（斎くミモロの梅の花）

20　春日野《かすがの》に　斎《いつ》くミモロの　梅の花　栄《さか》えてあり待て　帰り来《く》るまで

（巻十九の四二四一）大和・春日

▼イハフ＋ミモロ＋〔ノ〕＋マソカガミ（斎ふミモロのまそ鏡）

21　祝《はふり》らが　斎《いは》ふミモロの　まそ鏡　かけて偲《しの》ひつ　逢ふ人ごとに

（巻十二の二九八一）不明

▼ミモロ＋〔ヲ〕＋タテテ（ミモロを立てて）

22　……我《わ》がやどに　ミモロを立てて　枕辺《まくらへ》に　斎瓮《いはひへ》を据《す》ゑ　竹玉《たかたま》を　間《ま》なく貫《ぬ》き垂《た》れ　木綿《ゆふ》だすき　かひなに掛けて……

（巻三の四二〇）不明

第四章　「カムナビ」と呼ばれた祭場、聖地

ありのままの景観と、あるべき景観と

私が、前章において述べたかったことは、次の四点に集約することができる。

①「モリ」は、個人が、恋の成就や旅中の安全などの祈願を行なう、いわば身近な祭場となっていた。『万葉集』の「モリ」の全十六の用例中、十三例に地名が冠されているのは、日本各地のそれぞれの地域に「モリ」と呼ばれる祭場があったために、どこの「モリ」かを特定する必要があったからである。

②「モリ」のなかでも、ことに尊ばれる「モリ」に、接頭語の「ミ」を冠した「ミモリ」があり、それが「ミモロ」の語源であると推定される。したがって、「ミモロ」お

よび「ミムロ」は、「モリ」に敬意を込めた言い方、と考えてよい。

③「ミモロ」は、祝《はふり》と呼ばれる宗教者によって守られた「モリ」であり、勝手にその木を伐採することは厳しく戒《いまし》められていた。この掟《おきて》を破った者は罰せられた。

④「ミモロ」は、祝の守る祭場だが、その祭場である「ミモロ」にも神がいるのである。さらには、「ミモロ」にある木々や岩も神である。神を祀る祭場も神であり、その祭場にさらに神を招くということも考えなくてはならない。多神教の論理では、そう解釈しなくてはならないのである。

以上が、前章でみた「モリ」と「ミモロ」の信仰の特色である。前近代までの社会においては、どこにどのように「モリ」を残すか、その「モリ」にいかなる種の樹木を、どのような割合で残すのかということは、各地域の生活に直結する重大な問題であった。炊飯と暖房の燃料の必要量、建築材の必要量、景観保全などが折々に考慮されて、地域ごとに残すべき樹種が選ばれて、「モリ」が守られたのである。そういった「モリ」のなかで、特定の「モリ」については、神を祀る空間として、祝などの宗教者たちが管理していたのである。いかなる事物も神性を持ち得る多神教社会においては、あらゆる場所が聖地、祭場となり得る。そのなかでも、特定の「モリ」が尊ばれて「ミモロ」と呼ばれ、祝によって管理されていった、とみてよいだろう。

ではなぜ、宗教者によって守られたのか。それは、祭場、聖地としてふさわしい景観というものが、あらかじめ多くの人びとの脳裏にイメージされており、人びとがそのイメージに沿ったかたちで、「ミモロ」の木々を管理しようとしたからである。その景観とは、神がいると思わせる神々しい「モリ」である。今日、われわれは、神のモリと喧伝《けんでん》される三輪山や御蓋山《みかさやま》の景観をありのままの自然と考えがちなのだが、けっして、そうではない。それは人が（禁忌、標、垣、祝らの管理によって）守りたもうた景観とみなくてはならないのである。

そういう「ミモロ」と並び称される言葉に、「カムナビ」という言葉がある。だとしたら、「モリ」「ミモロ」とともに、「カムナビ」という言葉についても、考察を加える必要があるであろう。

「カムナビ」の山のかたち

「カムナビ」とは、『万葉集』『風土記』『延喜式』などに登場する古典語であり、その語の意味については、神のいます地を指すと推定されている。

後述するように、「カムナビ」は、必ずしも山であるとは限らないのだが、山である場合においては、その山のかたちに一つの特徴があったようである。考古学の立場から、「カムナビ」について研究をしてきた大場《おおば》磐雄《いわお》は、古典に表れる「カムナビ」と神社との関係を整理し、その上で実地の踏査を行なって、「カムナビ」が円錐《えんすい》型の山であることを説いている。

次に山の場合共通した特色があるかをみると、私が実査したうち一〇個所は大小の差こそあれ、いずれも円錐形または笠形を呈しており、その標式的なものが三輪山である

図6　三輪山　【上】桜井市三輪檜原（ひばら）神社下手の井寺池に浮かぶ三輪山。三輪山に近いここからは稜線がなだらかに見える。【下】同市三輪大橋西交差点付近から見た三輪山。ここまで麓に下ると山容の全体が見通せる

ことはいうまでもあるまい。

（「神奈備山と神社」『大場磐雄著作集　第五巻　古典と考古学』）

大場は「自分は三輪山が神奈備《かむなび》の本宗（一つの宗派の中心地——引用者注）として、古来啻《ただ》ならぬ崇敬を受けた理由の一を、その山容に求めたいのである」と述べ、三輪山を基準として、「カムナビ」の山容すなわち山のかたちをイメージしていたようである（大場磐雄『神道考古学論攷』）。

つまり、三輪山を「カムナビ」の典型例とみて、その調査を行なっていたのである。大場は山容のほか、山系の端にあたる「端山」であり集落が近くにあることや、山が鬱蒼《うっそう》とした森林に囲まれていることなどを、「カムナビ」の特徴として挙げている。

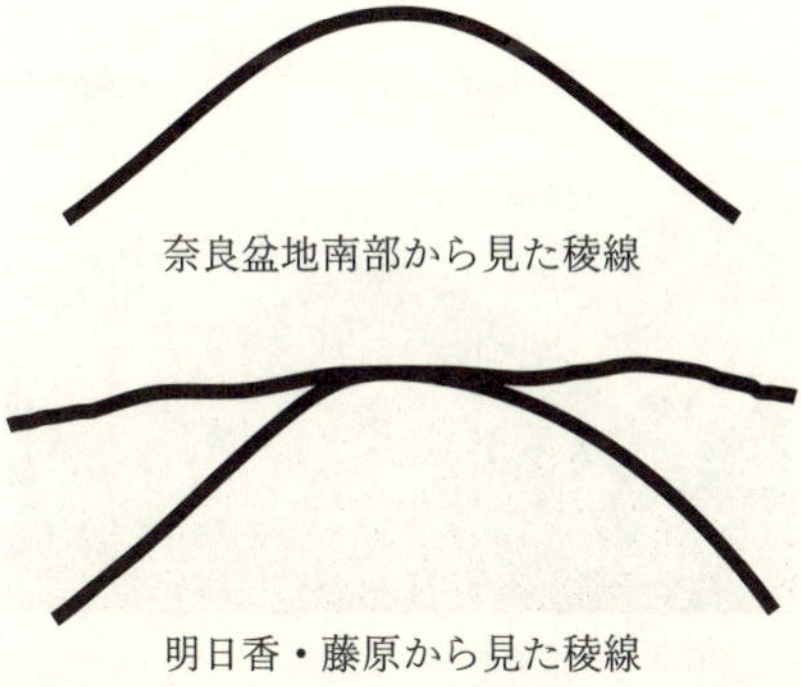

図７　三輪山の稜線イメージ　【上】三輪山は、西から東に望む時に、左右対称のいわゆるカムナビ形の円錐型となる。三輪山は奈良盆地の東辺にあるので、奈良盆地の平野部の南では、だいたいこの稜線のイメージのごとくになる。【下】三輪山から見て西南にある明日香や藤原からの稜線イメージ。奥に竜王山の山系がひかえるように見える。まるで翼のようだ

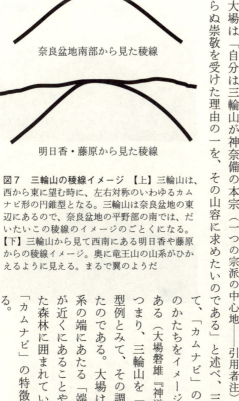

図8　カムナビ式霊山、三上山　【上】「カムナビ」という名称で呼ばれなくても、「カムナビ式霊山」と呼ぶべき例として、滋賀県野洲市の三上山（みかみやま）を挙げたい。ＪＲ野洲駅を降りるとこの景観である。【下】三上山を同市三上まで近づいて見た山容。近江富士として親しまれているこの山は、琵琶湖西岸からも、よく見える。海上に浮かぶ島のように

また、大場は、「カムナビ」と呼ばれることがなくても、同じような祭場、聖地はたくさんあることを指摘して、それを「カムナビ式霊山」と呼んでいる。そして、「カムナビ」に多く『古事記』『日本書紀』などの出雲神話に登場する神々が祀られていることにも、注意を払っている。大場は、晩年に至って、次のような研究の課題が残されていることを、述懐している。

このように同系の神社（出雲系の祭神を持つ神社――引用者注）と同形の山（円錐形の山――引用者注）とがあっても必ずしも神奈備山と呼ばないところはいかに解すべきか。私はそういう円錐形または笠形の小山で、付近に古社の存在する例を数多く知っており、仮称「神奈備式霊山」と呼んでいるが、これはわが国における山崇拝の大きな部分を占めているのである。その中にあって、ある限られた山だけが「神奈備山」と称せられたことについては、同山を奉斎した古氏族が単に出雲系のみの理由だけでは解き得ないものがある。この問題は、またわが国古代の神道史上における興味深いものでもありかつ重大な点でもあると思う。故に今後大いに精密な調査を加えてこの謎を解きたいと念じている次第である。

（「神奈備山と神社」）

大場は山容すなわち山のかたち（形態）等に自らの挙げた「カムナビ」の特徴を備え、かつ古社の存する山であっても、「カムナビ」と呼ばれない山が、多数存在していることを述べているのである。

「カムナビ」という語の語源

では、今日語学論的にもっとも無理のない「カムナビ」の語源説は、何であろうか。おそらく、〈カム（神）＋〔ナ〕（連体格助詞）＋ビ（場所を表す形態素）〉であろう（木下正俊「飛鳥の神奈備」、西宮一民『上代祭祀と言語』）。「ビ」は場所を表す形態素で、古典語の山ビ（＝山辺）・川ビ（＝川辺）・浜ビ（＝浜辺）の「ビ」と同じであり、形態素からみると「神のいます辺り」「神のいますところ」ほどの意味を、「カムナビ」の語に認めることができる。ここでいう形態素とは、単語を構成する意味の最小単位のことである。

『万葉集』の文字遣いには、書き手の語源の解釈を反映しているものがあるが、「ミモロの神辺山に　立ち向かふ　三垣《みかき》の山に……」（巻九の一七六一）のような用例がある。『万葉集』のなかに一例ではあるが、「カムナビ」の語を「神辺山」と表記した例があるのである。つまり、『万葉集』の歌の書き手のなかには、「カムナビ」という語に「神のいます辺り」「神のいますところ」ほどの意味を感じ取っていた人もいたということである。

以上のように、「カムナビ」の語とその意味を理解して、以下「カムナビ」の語の使われ方を、観察してみたい。

「カムナビ」＝山岳とはいえない

『万葉集』中において、「カムナビ」という語は、どのように使用されているのだろうか。『万葉集』の「カムナビ」の全用例（二十三例）をその用語法に基づいて分類すると、以下のようになる。

▼カムナビ＋山

1　ミモロの　カムナビ山に　五百枝《いほえ》さし　しじに生《お》ひたる　つがの木の　いや継《つ》ぎ継ぎに　玉葛《たまかづら》　絶ゆることなく　ありつつも　止《や》まず通《かよ》はむ　明日香《あすか》の　古き都は……

（巻三の三二四）大和・明日香

さらに六例（2〜7）がある。これらの例は、「カムナビ」と山との関係を考える上で、きわめて重要な例である。七例中六例が、明日香のカムナビを歌った歌であり、不明の一例についても明日香の可能性が高い。つまり、少なくとも、明日香のカムナビは山であったとみてよい。しかし、山という語に続くということは、「カムナビ」が必ずしも山でなかったことを示しているといえよう。川や淵《ふち》に続く例もあるからである。

▼カムナビ＋川

8　かはづ鳴く　カムナビ川に　影見えて　今か咲くらむ　山吹《やまぶき》の花

（巻八の一四三五）不明

川に続く例があるということは、川も神のいます「カムナビ」と認識されたのであろう。ただ、「カムナビ」という場所の近くを流れる川についても、カムナビ川といえるから、留意する必要はあるが、カムナビ川という言い方もあったのである。

▼カムナビ＋〔ノ〕＋山／カムナビ＋〔ノ〕＋ミモロ＋〔ノ〕＋山／カムナビ＋〔ノ〕＋ミモロ＋〔ノ〕＋神

9　カムナビの　山下《やました》とよみ　行《ゆ》く水に　かはづ鳴くなり　秋と言はむとや

（巻十の二一六二）不明

さらに五例（10〜14）がある。これらの例は、助詞「の」を介して山（神）に続く場合であり、一例（9）を除き、明日香のカムナビについて歌われている例である。その一例についても、明日香の可能性がある。やはり、これらの例をみると、明日香のカムナビは、山岳であったことがわかる。しかも、「カムナビ＋〔ノ〕＋ミモロ＋〔ノ〕＋山（神）」と続く例もある（11・12・13）。

▼カムナビ＋〔ノ〕＋モリ

15　カムナビの　磐瀬《いはせ》のモリの　呼子鳥《よぶこどり》　いたくな鳴きそ　我《あ》が恋増《こひま》さる

（巻八の一四一九）大和・竜田・磐瀬

ほかに16の例があり、全二例となる。「カムナビ＋〔ノ〕＋モリ」という例は、二例とも竜田の例である。神のいます場所であるところの磐瀬という表現となっている。竜田は、奈良盆地の西地域を占める一角で、難波《なにわ》、河内《かわち》へゆく交通上の要衝の地であった。磐瀬のモリの呼子鳥（15）や霍公鳥《ほととぎす》（16）といった鳥が歌われるのは、この地から難波、河内へと旅立つからであろう。別れの地であればこそ、呼子鳥の鳴き声に心を動かし、霍公鳥の飛来を念じるのである。早く帰って来い、と。

▼カムナビ＋〔ノ〕＋崎

17　カムナビの　打廻《うちみ》の崎の　磐淵《いはぶち》の　隠《こも》りてのみや　我《あ》が恋《こ》ひ居《を》らむ

（巻十一の二七一五）不明

今日でいう岬（山や陸地の突端）も、「カムナビ」と考えられていたのか。ないしは、「カムナビ」近くにある打廻の崎ということか。どちらであるか。判断は、難しい。

▼カムナビ＋「ノ」＋淵

18　しましくも　行《ゆ》きて見てしか　カムナビの　淵《ふち》は浅《あ》せにて　瀬にかなるらむ

（巻六の九六九）大和・明日香

カムナビの淵と呼ばれる淵があったということである。淵も神のいますところなのである。もちろん、これも、「カムナビ」のある地近くの淵と解することもできる。

▼カムナビ＋「ノ」＋原

19　カムナビの　浅篠原《あさじのはら》の　愛《うるは》しみ　我《あ》が思《おも》ふ君が　声の著《しる》けく

（巻十一の二七七四）不明

カムナビの原と呼ばれる地もあったようである。

▼カムナビ＋〔ノ〕＋里

20　清き瀬に　千鳥妻呼《ちどりつま》び　山の際《ま》に　霞立《かすみ》つらむ　カムナビの里

（巻七の一一二五）大和・明日香

この例は、「カムナビ」の近くにある里というほどの意であろうか。

▼カムナビ＋〔ノ〕＋神依り板

21　カムナビの　神依《かみよ》り板《いた》に　する杉の　思ひも過ぎず　恋《こひ》の繁《しげ》きに

（巻九の一七七三）不明

神依り板が何かは不明だが、神を依りつかせる板とすれば、「カムナビ」の祭場で使用された祭具と考えられる。

▼カムナビ＋〔ノ〕＋御田屋

22　かむとけの　日香空《そら》の　九月《ながつき》の　しぐれの降れば　雁《かり》がねも　いまだ来鳴《き》かぬ　カム

ナビの　清き御田屋《みたや》の　垣内田《かきつた》の　池の堤《つつみ》の　百足《もも た》らず　三十槻《みそつき》が枝《え》に　みづ枝《え》さす
秋のもみち葉《ば》　巻き持てる……
（巻十三の三二二三）大和・明日香

田屋とは、耕作地に建てられた建物で、「清き御田屋」というからには、祭祀に使用される建物であろう。「カムナビの清き御田屋」は、「カムナビ」の祭りごとと関わるとみられるが、詳細は不明というほかはない。

▼カムナビ＋〔ニ〕＋ヒモロキ＋立テ＋〔テ〕
23　カムナビに　ひもろき立てて　斎《いは》へども　人の心は　守《まも》りあへぬもの
（巻十一の二六五七）不明

この例から、「カムナビ」のなかに、さらにヒモロキと呼ばれる聖なる木を立てて祀りが行なわれたことがわかる。

まず、章末に掲げた用例の1〜7および9〜14に注目してみたい。「カムナビ」という語には「神のいます辺り」「神のいますところ」ほどの意味があることは、すでに確認したところである（九八頁）。だから、「カムナビ」を山と限定して考える必要はない。ただし、二十三例中十二例については、直接ないしは助詞の「の」を介して「山」という語に接続しているので、「カムナビ」といえば、山岳をイメージすることが多かった、とみなくてはなるまい。

しかし、「カムナビ＋山」「カムナビ＋（ノ）＋山」という表現が成り立つのは、「カムナビ」という語が、必ずしも山を示す言葉ではなかったからである。もし、「カムナビ」が山を示す語であるならば、意味が重なる「カムナビ＋山」「カムナビ＋（ノ）＋山」という表現は、成り立ちにくいはずである。実際、山のほかには、川（8）・モリ（15・16）・崎（17）・原（19）などが続く例もあって、「カムナビ」を山岳に限定して考える必要はない。もちろん、本来の意味が忘れられていたり、強調していうために重複して用いた可能性も残るが、本来的、語源的に「カムナビ」が山を指していたとは考えにくいのである。

「カムナビ」の語の使用法の変化

次に重要なことは、「カムナビ」は普通名詞であるが、特定の場所を示す固有名詞として使われている例もあるということである。つまり、地名となっているのである。とくに、明日香のカムナビについて、固有名詞化が認められ、全用例の二十三例中十四例が、明日香のカムナビと確定できる用例である。

これに対して残りの九例は、場所を確認できない例が七例、竜田に特定できる例の二例——と明日香は突出している。すなわち、場所を確定できる用例のうち、竜田の二例を除くと、すべて明日香の用例なのである。じつは、『出雲国風土記』や『延喜式』の神名帳にも「カムナビ」は登場するのであるが、それらの「カムナビ」は、『万葉集』には登場しないのである。万葉の時代にも、多くの「カムナビ」が存在していたはずなのに、飛鳥と竜田以外の「カムナビ」が『万葉集』に登場することはない。なぜ、そういう現象が起こるのか？

この現象は、宮都が長く明日香・藤原の地にあったことに由来してのことと思われる。西暦五九二年に推古《すいこ》天皇（在位五九二〜六二八）が豊浦宮《とゆらのみや》を営んで以来、七一〇年の平城京遷都までの間、中断はあるものの、天皇正宮は明日香・藤原の近辺に営まれている。ここでいう正宮は、天皇の宮殿のなかでも、中心となる宮のことである。万葉歌の歌びとたちもその多くが、この明日香・藤原での生活者であり、「カムナビ」といえば、明日香の特定の場所を想起するようになっていた結果、『万葉集』においては、「カムナビ」といえば明日香のそれを指すようになったと思われる。おそらく、長い明日香・藤原での生活のなかで、普通名詞が特定の地名のように使われるようになった言葉の歴史があるのである。

ところが、明日香・藤原に宮都があった時代ばかりでなく、平城京の生活者も、単に「カムナビ」といえば、明日香のカムナビを想起していたことが、歌の表現からわかるのである（1、九九頁）。

明日香のカムナビ

では、明日香のカムナビはどこか？　残念ながら、明日香のカムナビがどの地であったのかということについては、諸説があり、不明というほかはない。

『日本紀略』天長《てんちょう》六年（八二九）三月十日条に、「大和国高市郡《やまとのくにたかいちのこほり》賀美郷《かみのさと》甘南備山《かむなびやま》の飛鳥社を同郡同郷鳥形山《とりがたやま》に遷《うつ》す。神の託宣《たくせん》に依るなり」とあり、八二九年に明日香のカムナビが鳥形山に遷されたことが記されている（原漢文、黒板勝美・国史大系編修会編輯『新訂増補国史大系　第十巻　日本紀略（前篇）』吉川弘文館、二〇〇七年）。現在、鳥形山には飛鳥坐《あすかにいます》神社が鎮座しており、この地が一応『延喜式』神名帳にある「飛鳥坐神社」とされている。したがって、平安朝以降の明日香のカムナビの位置は、ほぼ明らかにできるのであるが、それ以前はどこを指して「カムナビ」といっていたのか、わからない。ただ、明日香のカムナビに飛鳥社が祀られたということは、八二九年時点において、社殿が成立していたことを物語っている。なお、『日本紀略』は、神代より後一条《ごいちじょう》朝（一〇一六～一〇三六）に至る編年体史書であるが、編者・成立年代ともに不明の書。ただし、すでに失われている史料、すなわち散逸史料が引用されているなど、史料的価値は高い書物である。

ところが、いったん社殿が成立してしまうと、聖地を離れることが可能になる。というの

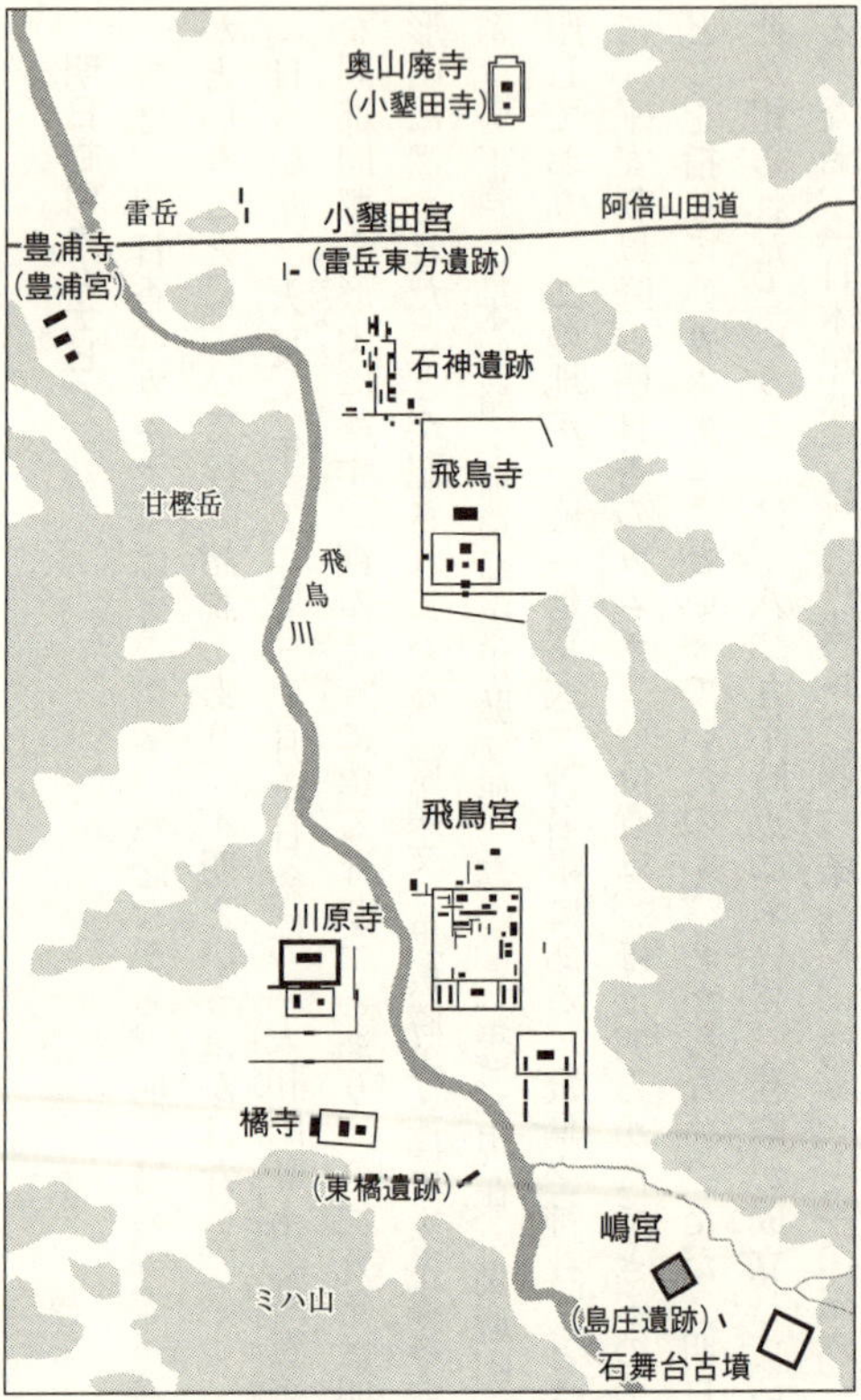

図9　明日香のカムナビ諸説

は、本来、土地の神であっても、社殿の中に祀られることになると、建物から建物へと移動が可能になるからである。すなわち、遷座《せんざ》である。けれども、「カムナビ」にいます神が明日香の土地の神であるという意識は、社殿成立後にも続いたとみえて、「飛鳥社」「飛鳥坐神社」のような呼び方に、そういった意識の一端を読み取ることができる（三〇頁）。

皇后の涙

それでは、鳥形山遷座以前の明日香のカムナビは、どこであったのか。近世以来の通説である雷岳《いかずちのおか》説、さらには甘樫岳《あまかしのおか》説などが、これまで支持されてきたが、近年、ミハ山説も有力であって、定説はない。そこで、章末に掲げた用例のうち、明日香の例をみてみると、「カムナビ山」と呼ばれていることがわかる。だとしたら、「カムヲカ」と呼ばれる可能性も大きいはずである。次の歌をみてみよう。

　天皇の崩《かむあが》ります時に、大后《だいごう》の作らす歌一首
やすみしし　我《わ》が大君《おほきみ》の　夕《ゆふ》されば　見《め》したまふらし　明《あ》け来《く》れば　問ひたまふらし　神岳《かむをか》の　山の黄葉《もみち》を　今日《けふ》もかも　問ひたまはまし　明日《あす》もかも　見《め》したまはまし　その山を　振り放《さ》け見つつ　夕されば　あやに哀《かな》しみ　明け来れば　うらさび暮らし　荒

たへの　衣の袖《そで》は　乾《ふ》る時もなし

（巻二の一五九）

［一書省略］

この作品は天武《てんむ》天皇（在位六七三〜六八六）が亡くなった時に、皇后の鸕野讃良皇女《うののさららのひめみこ》（後の持統天皇）が作った挽歌である。「神岳」という漢字表記も、次にみる山部赤人《やまべのあかひと》歌（巻三の三二四）の題詞と等しく、二つの「神岳」は同一の場所を示している、と考えるのが自然であろう。訳すと、

天武天皇が亡くなった時に、大后がお作りになった歌一首

（やすみしし）わが大君すなわち天皇さまの御魂《みたま》がね　夕方になると　ご覧になっているに違いないよ　夜が明けるとね　訪ねられているに違いないよ——　あの神岳の山のもみじを見るためにね　今日にでも　やって来られようものを　明日にでも　ご覧になろうものを……　その山を　振り仰ぎ見ながら　夕方になると　たまらなく悲しいのだよ　夜が明けると　また淋しくも思いながらあけ暮らしてしまうのだよ　喪服たる藤衣の袖は……　乾く間とてないのだ（あぁ、天皇さまの御魂は）

［一書省略］

となろうか。「神岳の　山の黄葉」を訪ね見るのは、天武天皇の御魂であり、皇后は死せる天皇の御魂が神岳を訪ね、黄葉を愛《め》でることを歌うことで、抑えきれない悲しみを訴えようとしているのである。明日香を代表する祭場、聖地に、亡き天皇の御魂はやって来るのである。黄葉を愛でるために――。

カムヲカ＝ミモロ（ノ）カムナビ山

さらにもう一つ、明日香のカムナビについて、手がかりとなる歌がある。『万葉集』を代表する歌人のひとり山部赤人の歌のなかに、明日香のカムナビについて考えるヒントがあるのである。

神岳《かむをか》に登りて、山部宿禰《やまべのすくね》赤人《あかひと》が作る歌一首〔幷《あは》せて短歌〕

ミモロの　カムナビ山に　五百枝《いほえ》さし　しじに生《お》ひたる　つがの木の　いや継《つ》ぎ継ぎに
玉葛《たまかづら》　絶ゆることなく　ありつつも　止《や》まず通《かよ》はむ　明日香《あすか》の　古き都は　山高《だか》み
川とほしろし　春の日は　山し見が欲《ほ》し　秋の夜《よ》は　川しさやけし　朝雲《あさくも》に　鶴《たづ》は乱れ

夕霧《ゆふぎり》に　かはづは騒《さわ》く　見るごとに　音《ね》のみし泣かゆ　古《いにしへ》思へば

反　歌

明日香川　川淀《かはよど》去らず　立つ霧の　思ひ過ぐべき　恋にあらなくに

（巻三の三二四、三二五）

題詞に「神岳に登りて」とあり、長歌冒頭に「ミモロの　カムナビ山に　五百枝さし」とある。とすれば、〈神岳（カムヲカ）＝ミモロ＝カムナビ〉と考えられていたことがわかる。神のいますところが「カムナビ」であるならば、神のいます「ヲカ」を「カムヲカ」と呼ぶのは当然であろう。長歌のなかに「明日香の　古き都は」とあるように、この長歌は聖武《しょうむ》天皇（在位七二四～七四九）の時代における古京思慕の情を述べた歌である。訳すと、

神岳に登って、山部宿禰赤人が作った歌〔短歌を合わせている〕

ミモロであって神のまします　カムナビ山に　枝々を広げつつ　すき間もなく生い茂っている　つがの木　そのつがの木ではないけれど　つぎつぎに　玉葛が長く長く伸びるように　絶えることもなく　このように……　ずっとずっと　通ってゆきたい　明日香

の　古き都は　山高く　川も雄大　春の日は　山を見たいと思わせ　秋の夜は　川の音もなんとも清らか　朝雲に　鶴は乱れ飛び　夕霧に　蛙《かわず》はしきりに鳴く――　何を見るにつけても　泣けてくるではないか　古のことを振り返ってみると

反　歌

明日香川の　川の淀みを離れることなく立つ霧――　その立つ霧のごとくに　すぐ消え失せるような……　わたしの恋ではないのだ（明日香こそわが故郷なり）

となろうか。明日香のカムナビは、古京を懐かしむ情をかきたてる場所だったのである。だから、山も川も美しく、春も秋もよきところなのだ。

古京思慕、あるいは古京への恋

「カムナビ」は明日香の生活者にとって、信仰的あるいは精神的な絆《きずな》であり、そのような祭場、聖地であるからこそ、明日香古京に行った山部赤人は神岳に登り、古京への思慕の情を歌ったのである。古京への思慕、それは古京への恋として歌われている。第一章および第二章において縷々述べたように、多神教社会においては、いかなる事物も神となり得る。だから、どの場所も祭場となり、宗教的聖地となり得る。が、しかし。そのなかでも、特定の場所が、その土地を代表する祭場、聖地となってゆくのである。

なかんずく、「ミモロ」「カムナビ」と呼ばれる地が、その地に住む人びとにとって、大切な心の拠《よ》り所になってゆくのである。そして、その地に社殿が建てられれば、今日われわれがイメージすることができる「神社」ができると考えれば、わかりやすい。だからこそ、皇后は、亡き天皇の御魂は「カムナビ」「ミモロ」であるカムヲカを訪れるはずだ、と考えたのであった。だとしたら、カムヲカの黄葉を今は亡き天皇といっしょに見ることができるはずだと歌ったのである。

一方、山部赤人は、平城京に住む人びとの気持ちを代弁して明日香を歌うにあたっては、ミモロのカムナビ山と、その麓《ふもと》を流れる明日香川を歌ったのであった。

故郷の景、なつかしき明日香の景

平城遷都から二十一年経った天平三年（七三一）に、大伴旅人《おおとものたびと》（六六五～七三一）は次のような歌を詠み、それは『万葉集』の巻六に収載された。

三年辛未《しんび》、大納言大伴卿《だいなふごんおほともきやう》、奈良の家《いへ》に在《あ》りて、故郷《ふるさと》を思ふ歌二首

しましくも 行《ゆ》きて見てしか カムナビの 淵《ふち》は浅《あ》せにて 瀬にかなるらむ
（巻六の九六九）

［第二首省略］

旅人は、この年の七月二十五日に他界するのであるが、旅人が平城京の家から追懐した故郷の景の一つは「カムナビの淵」であった。この歌から読み取ることができるように、平城京生活者にとって明日香のカムナビは、忘れることのできない「故郷の景」であったと思われる。訳すと、

天平三年（七三一）、大納言大伴卿が奈良の家にいて、明日香の故郷を思って歌った歌二首

しばしの時であったとしても 行って見たい——カムナビの 淵は浅くなって 瀬になっているのではなかろうか（あの明日香川をもう一度見て死にたいのだが……）

［第二首省略］

となろうか。かくのごとくに明日香のカムナビをもって、故郷の景の代表とする考えは、旅

人の個人的感情に由来するものなのだろうか。そうではあるまい。

おそらく、旅人のような明日香のカムナビに対する意識・感情は、平城京生活者に共有されていたのではないか。『万葉集』では、単に「故郷」とのみ記されている場合、旅人の歌の題詞にみられるように、明日香を指している場合が圧倒的に多く、例外は二、三に留まる。同じく故郷に思いを馳《は》せる歌としては、巻七の雑歌《ぞうか》に次のような歌が伝わっている。

図10　明日香川の上つ瀬（上流）　上流稲淵付近

故郷《ふるさと》を偲《しの》ふ

清き瀬に　千鳥妻《ちどりつま》呼び　山の際《ま》に　霞《かすみ》立つらむ　カムナビの里

年月《としつき》も　いまだ経《へ》なくに　明日香川　瀬々《せぜ》ゆ渡しし　石橋《いしばし》もなし

（巻七の一一二五、一一二六）

この二つの明日香川に関する歌を訳すと、

故郷を偲んで作った歌

清らかなる瀬では　千鳥たちが妻を呼びあい　山の間に　霞が立っていることだろうなぁ　今ごろは　明日香のカムナビの里ではね　（一一二五）

年月が　まだそれほど経っていないのに　明日香川の　浅瀬に渡しておいた　飛び石もなくなっている（月日の経つのは早いものだ）　（一一二六）

となろうか。「故郷を偲ふ」の下に分類された二首のうち、一首目は明日香のカムナビの景を詠んだ歌とみるべきであり、二首目が明日香川の景を詠んだ歌である。すなわち、故郷といえば明日香が連想され、故郷・明日香の景は「カムナビ」と明日香川によって代表されるといった考え方が、その背景にあるものと思われる（パリといえばエッフェル塔、エッフェル塔といえばパリが想起されるように［六六頁］。ただ、それは日本人の想起するパリに過ぎないが）。

おそらく、このような意識は、『万葉集』巻七の編纂者の意識であるとともに、平城京の生活者となった貴族や律令官人に共通する意識であったのだろう。明日香・藤原の生活者にとって心の絆となる地であった明日香のカムナビが、平城京の生活者にとっては故郷の景として想起される場所になっていた、とみることができよう。

天皇と天皇の都の守護神となった「カムナビ」

奈良、平安の時代に出雲国の国造《くにのみやつこ》たちが献上したとされる賀詞《よごと》、すなわち天皇を祝福する祝詞《のりと》がある。それが「出雲国 造 神賀詞《いづものくにのみやつこのかむよごと》」である。大和朝廷の力が、日本列島に広がってゆくと、地方の豪族たちは、大和朝廷に服して、従うことになった。そういった地方豪族のうち、その地方の統治を任されたのが、「国造」という地方官なのである。したがって、国造は、その土地の有力な豪族であるとともに、中央政府から任命された地方官でもあるという二面性を持っていた。対して、国司は、中央政府から派遣された地方官と考えて差し支えない。出雲については、出雲国造家が代々、祭りごとを行なって、実質的に出雲を統治していた。「出雲国造神賀詞」には、出雲国造家が展開した大和のカムナビに対する主張が、次のように述べられている。ここは、拙訳のみを示しておこう（青木紀元『祝詞全評釈―延喜式祝詞・中臣寿詞―』の書き下し文をもとにした）。

そこで、すなわち大穴持 命《おおあなもちのみこと》が申し上げられましたことには、「尊き神の子孫たる歴代の天皇さま方が鎮まられるべき所は、まさしく大和の国以外にはございません」と申し上げられまして、ご自身の温厚な側面の御神霊を大きな鏡に依りつかせまして、ヤマトノオホモノヌシクシミカタマノミコトというご立派な御神名を付けて讃《たた》え、大三輪のカムナビに御鎮座申させ、ご自身のお子様のアヂスキタカヒコネノミコトの御神霊を葛城《かつらぎ》の鴨《かも》のカムナビに御鎮座申させ、コトシロヌシノミコトの御神霊を宇奈提《うなて》に御鎮座申させ、カヤナルミノミコトの御神霊を明日香のカムナビに御鎮座申させて、それぞれご歴代の天皇さま方のお身近の守護神として献上なされて、ご自身は出雲の杵築《きつき》の宮に御鎮座せられることとなった。

その主張は、大穴持命が「皇孫《すめみま》の命《みこと》の近き守り神」として、

大三輪のカムナビ（桜井市）→ヤマトノオホモノヌシクシミカタマノミコト
葛城の鴨のカムナビ（御所《ごせ》市）→アヂスキタカヒコネノミコト
宇奈提（＝雲梯）のカムナビ（橿原市）→コトシロヌシノミコト
明日香のカムナビ（明日香村）→カヤナルミノミコト

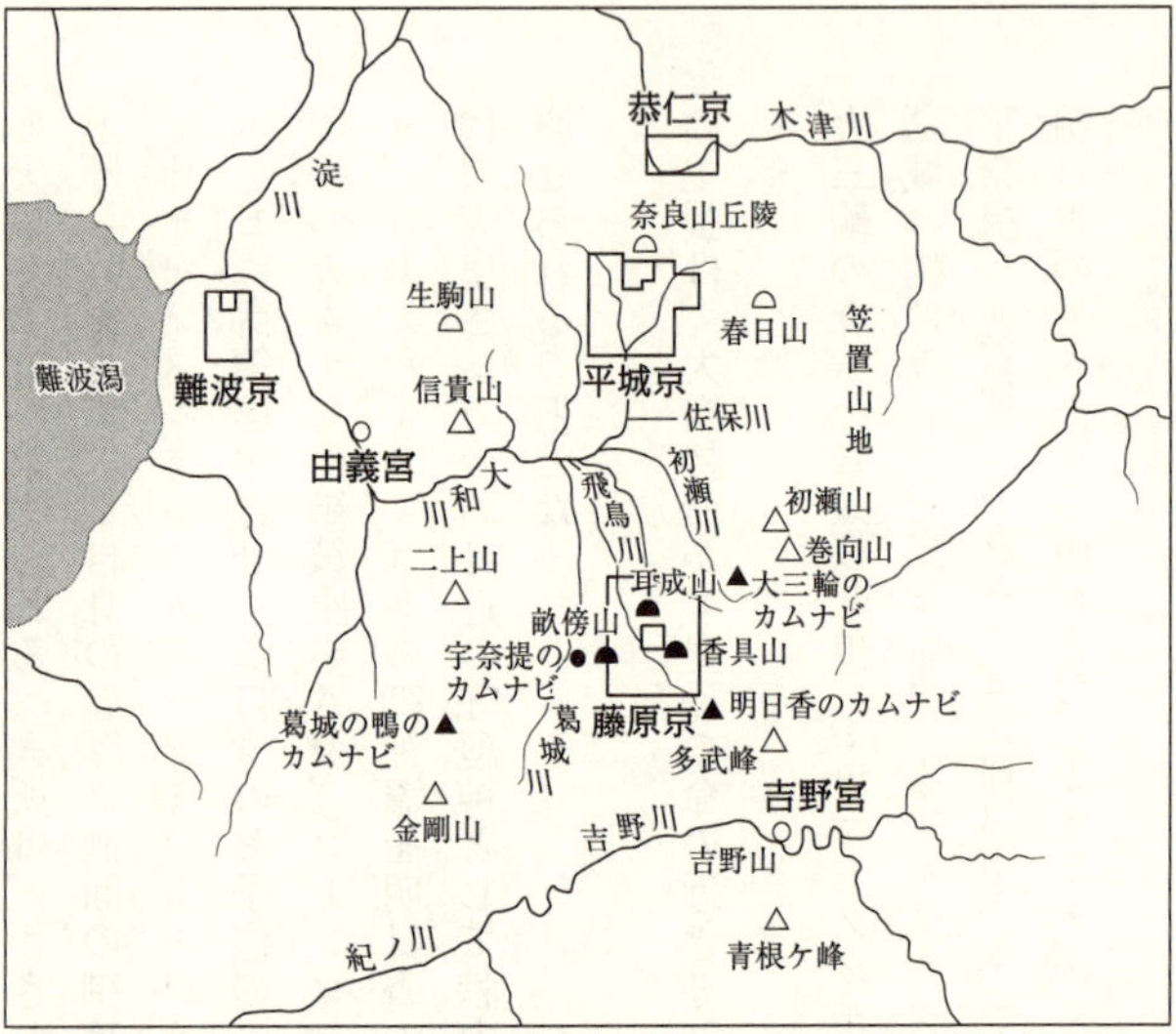

図11　古代の宮都と三山とカムナビ

の四つの「カムナビ」の地に御神霊を鎮座させた、という主張である。この四つの「カムナビ」が、宮都である明日香・藤原の地を取り囲む位置にあることはきわめて重要で、「皇孫の命の近き守り神」という表現が端的に表しているように、「カムナビ」が明日香・藤原の時代の「近き守り神」として機能した歴史を物語るものだろう。つまり、「出雲国造神賀詞」は、「カムナビ」という自然神を天皇と、天皇の都を守る守護神として位置づけているのである。この主張は、あくまでも出雲の国造の側の主張であるのだが、自然神が、天皇と天皇の都の守護神に組み入れられたことを表している。

他方、こういった主張を出雲国造家がすることによって、これらの「カムナビ」の祭りごとに出雲国造家が関与する権利が生ずることになる。実質的にどのような利益が出雲側にもたらされたかは明らかにし得ないが、何らかの利益があったのであろう。少なくとも、自分たちは、四つの「カムナビ」に自分たちの祀る神々を配して、天皇をお守り申し上げているのだということを、大和朝廷の側に、しっかりと主張する役割を荷なっていたことは間違いない。

言葉の使用法の偏りが意味するものは……

ところで、「出雲国造神賀詞」に登場する四つの「カムナビ」のうち、『万葉集』に「カムナビ」として登場するのは、明日香のカムナビだけである。ここで注意しなくてはならないことがある。それは、三輪山は、『万葉集』で「ミモロ」と称されることはあっても、「カムナビ」と称されることはないということである。『万葉集』の「カムナビ」の全用例二十三例のうち、竜田の二例を除くと、十四例が明日香のカムナビであり、場所を確定できない七例についても、なお明日香である可能性が残る。つまり、『万葉集』に詠まれている「カムナビ」とは、明日香のカムナビといってもよいほどの偏りがあるのである(一〇六頁)。

以上のような『万葉集』における用例の偏りは、いったい何を意味するのであろうか。私は、この偏在の意味を、次のように考えている。一つは、『万葉集』という歌集の性格に起因しているのではないか。『万葉集』において、「カムナビ」が明日香を懐かしむ景として選ばれていいった歴史があり、このことが、用例偏在の一つの理由となっているのではないか。故郷である明日香・藤原を懐かしむ気持ちは、『万葉集』という歌集の奥底にある感情なのであった。なぜならば、平城京に暮らす多くの人びとは、遷都以前、明日香と明日香に隣接する藤原に住んでいた人たちだったからである。しかし、時が経てば、明日香京・藤原京での生活体験者たちも少なくなってゆくはずである。ならば、明日香が忘れ去られたかといえば、そうではない。平城京で生まれた人びとにとっては、父と母の暮らしていた土地として記憶に留められていたのであった。この記憶を後世に残したいという感情こそ、『万葉集』という歌集を誕生させた一つの原動力なのである。私は、ことに『万葉集』の核となる巻一と巻二は、明日香・藤原思慕歌集だと密《ひそ》かに考えている。明日香のカムナビは、明日香の都の守護神であり、明日香に思いを寄せる人びとは、「カムナビ」を通して明日香を偲ぶのであった。

ここで、もう一つ勘案しなければならないことがある。「カムナビ」を都の守護神とする考え方は、明日香（五九二〜六九四）、藤原（六九四〜七一〇）時代までのもので、平城京生活者からみると懐かしい存在ではなかったのか、ということである。すなわち、「カムナビ」を都の守護神とする考え方は、古いタイプの信仰であった、と考えられるのである。「カムナビ」を都の守護神とする考え方そのものが、平城京生活者にとっては古いタイプの信仰であり、平城京には「カムナビ」が存在しなかったために、逆に明日香を偲ぶ景となっていったようなのである。なお、ここでいう古いタイプの信仰とは、今となっては、身近ではなくなっているという意味である。

三山を都の守り神とする思想

「カムナビ」が、「皇孫の命」すなわち歴代の天皇とその居所たる宮都の「近き守り神」であったことは、前述した。しかし、「カムナビ」が「皇孫の命の近き守り神」であった時代は明日香・藤原で終わり、平城京は「カムナビ」という聖地を必要としなかったのであろう。そして、平城京に「カムナビ」が存在しないことが、故郷・明日香の景として、「カムナビ」を際立たせることになったのだと思われる。なぜ「カムナビ」が必要とされなかったかといえば、奈良の地に都を遷す平城遷都の詔（天皇のご命令のお言葉）には、

方《まさ》に今、平城《へいぜい》の地、四禽図《しきむと》に叶《かな》ひ、三山《さむざん》鎮《しづめ》を作《な》し、亀筮《くゐぜい》並《ならび》に従《したが》ふ。都邑《といふ》を建《た》つべし。
（『続日本紀《しょくにほんぎ》』元明天皇、和銅《わどう》元年［七〇八］二月十五日条）

図12　生駒山　奈良盆地の東北辺の若草山山頂より望む生駒山。生駒山は、奈良盆地の西北辺にあたる

とあり、「三山鎮を作す」地に遷都が行なわれたことがわかる。「四禽図に叶ひ」とは、中国から輸入された当時の新知識に照らして、「平城の地」の地相が、遷都にふさわしいと、述べているのである。ここでいう地相とは、家相や人相と同じく、その地の持っている吉凶の相を指す言葉と理解するとわかりやすい。四禽とは、四方を守る聖獣であり、亀筮《きぜい》とは占いのことである。拙訳を示せば、

まさに今、平城の地は、青龍《せいりゅう》・朱雀《すざく》・白虎《びゃっこ》・玄《げん》武《ぶ》を都の東南西北に配する吉祥図の構図と一致し、都の東北西を守る三山も都の鎮めを果たしている。そして、亀甲を焼く占いの結果も、吉と出た。まさに奈良の地に都を建てるべきである。

となろうか。なお、平城京の三山は、一般に東の春日山、西の生駒山、北の奈良山とするの

が、現在の通説である。

藤原宮と大和三山

それでは、三山が宮都を守るとする思想は、いったいどこから始まるのだろうか。それは、藤原の宮から始まる。『史記』の「封禅書《ほうぜんしょ》」や、『漢書』の「郊祀志《こうしし》」には、斉《せい》の威王《いおう》・宣王《せんおう》、燕《えん》の昭王《しょうおう》のころより、蓬萊《ほうらい》・方丈《ほうじょう》・瀛州《えいしゅう》の三神山を探させたという記述が見え、中華世界の東の海にあたる勃海《ぼっかい》にある三神山には、仙人が棲み、不老不死の薬があると、これらの書は伝えている。この伝えは、仙人の世界に憧れを抱く神仙思想に基づく伝説なのであるが、藤原の地での宮都造営を推進した思想の一つとして、神仙思想があったことは間違いのないところなのである。

藤原の宮の井戸を讃えることを通じて、藤原の宮とその主の天皇を讃える「藤原宮の御井の歌」をみてみたい。

藤原宮の御井《みゐ》の歌

やすみしし　わご大君《おほきみ》　高照《たかて》らす　日の皇子《みこ》　あらたへの　藤井《ふぢゐ》が原に　大御門《おほみかど》　始め
たまひて　埴安《はにやす》の　堤《つつみ》の上に　あり立たし　見《め》したまへば　大和《やまと》の　青香具山《あをかぐやま》は　日の

経《たて》の　大《おほ》き御門《みかど》に　春山と　しみさび立てり　畝傍《うねび》の　この瑞山《みづやま》は　日の緯《よこ》の　大き御門に　瑞山と　山さびいます　耳成《みみなし》の　青菅山《あをすがやま》は　背面《そとも》の　大き御門に　宜《よろ》しなへ　神《かむ》さび立てり　名ぐはしき　吉野《よしの》の山は　影面《かげとも》の　大き御門ゆ　雲居《くもゐ》にそ　遠くありける
高知《たかし》るや　天《あめ》の御蔭《みかげ》　天《あめ》知るや　日の御蔭の　水こそば　常《つね》にあらめ　御井の清水《きよみづ》

短　歌

藤原の　大宮仕《おほみやつか》へ　生《あ》れつくや　娘子《をとめ》がともは　ともしきろかも

右の歌、作者未詳なり。

（『万葉集』巻一の五二、五三）

三山はそれぞれの美点をもって讃えられており、三山に囲まれた藤原宮がよいところだと歌われているのである。訳すと、

藤原宮の御井の歌

（やすみしし）わご大君――　それは　高く天上世界を照らしたまう日の皇子　その日の皇子さまが　あらたえの藤井が原に　偉大なる御門をお造りになった　そして　埴安の

堤の上に　すっくと立ってご覧になると……　大和の青香具山は　東の大きなる御門に　春山と茂り立っている――　畝傍　このみずみずしき山は　西の偉大なる御門に　瑞山と山らしく鎮まる――　耳成　この青菅生い茂る山は　北の偉大なる御門にふさわしくも　神々しくそそり立つ――　その名も高き吉野の山は　南の偉大なる御門より雲の彼方に　遠くそびえ立つ――（かくのごとき素晴らしき山々に守られた御殿は……）高く空に伸びゆく天の御殿　天に伸びゆく日の御殿　その御殿の水は　とこしえに尽きることがない　この御井の真清水は――

短　歌

藤原の大宮に仕える者として　生を享《う》けた娘子《おとめ》たち　……その羨《うらや》ましきことはかぎりなし

右の歌は、作者が未詳である。

となろうか。当該歌は、藤原の宮の御井を讃えるために、宮の大御門から望む山々を、次々に描写するという構成をとっている。大和三山の南に遥《はる》かに望む吉野の山を加え、それらの山を鎮めの山とした思想を読み取ることができよう。藤原京・平城京は、このような新たな

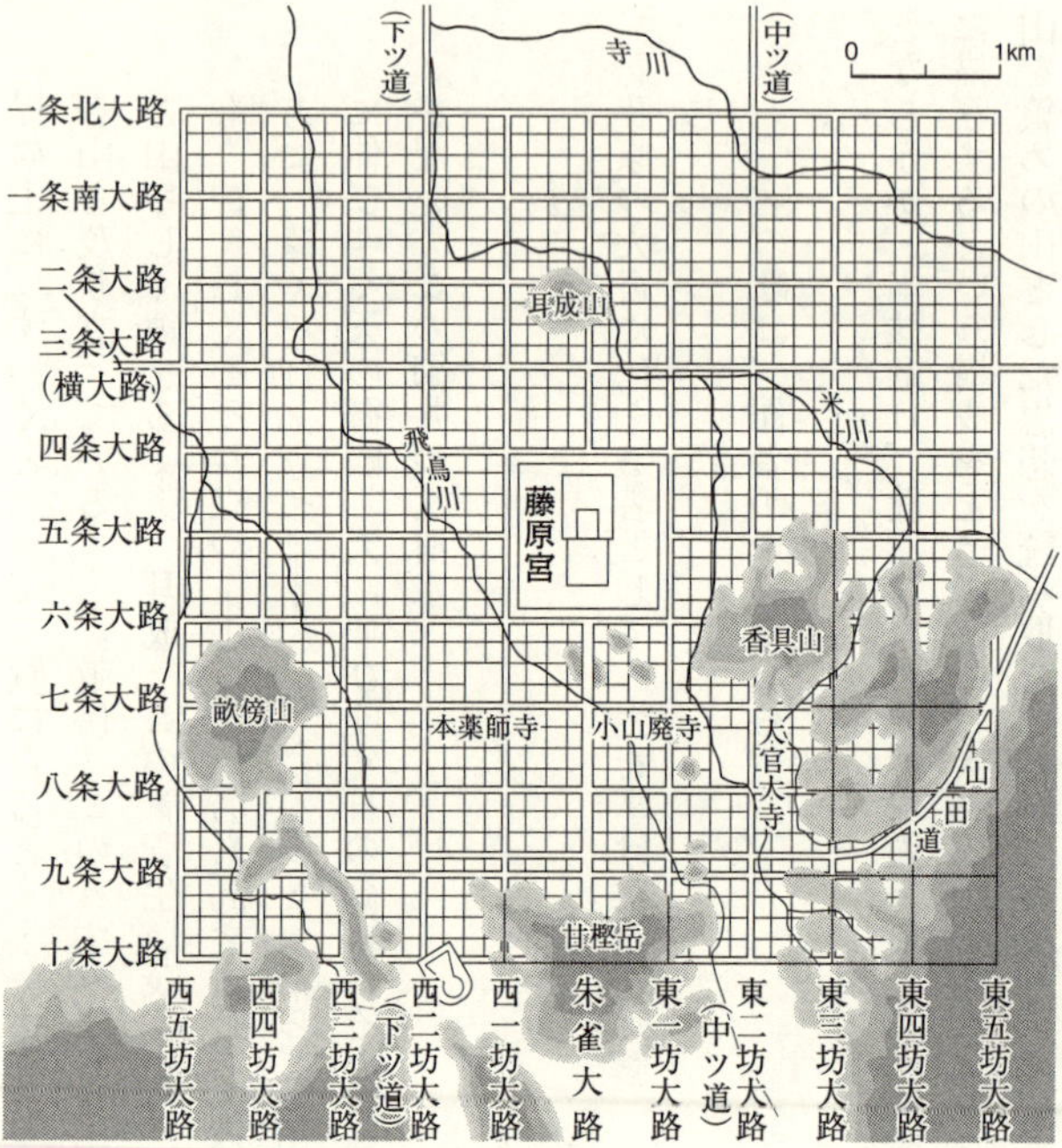

図13　藤原京

地相観（世界観）に基づいて造られた宮都であり、東・西・北に山を配する宮都であるといえる（拙著『大和三山の古代』）。とすれば、三山を配する宮都の原型は、藤原京にある、と認めることができよう。すなわち、藤原京を「境」として、「カムナビ」から三山へと、宮都を守る山岳が変化するとみることができるのである。この三山を都の守護神とする思想は、平安京まで続く。

「藤原宮の御井の歌」が描

いている宮都の〈すがた〉とは、実際の景観というよりも、あるべき理想の宮都の〈すがた〉である、といえるだろう。讃歌《さんか》における景観とは、常に理想の景観である（理想化）。三山が宮都を守るという思想は、藤原の都に源流があるのである。宮の東・西・北の「大き御門」から見える、香具山・畝傍山・耳成山の大和三山と、大極殿《だいごくでん》（朝廷の正殿）に南面する遠い吉野の山という景観の切り取り方は、藤原京の構造に由来している。東西南北に軸をとった条坊制《じょうぼうせい》と、その条坊に基づいて設計された方形の京、そういう京内での方位観（方位に対するものの見方）を「藤原宮の御井の歌」から知ることができる。東・西・北の三山を鎮めの山として、遥かに南山を望むという歌の構成法は、方形の宮都から出てくる発想なのである。そういった方形の宮都を守る三山に、神仙思想の三神山の考え方が結びついたのである。

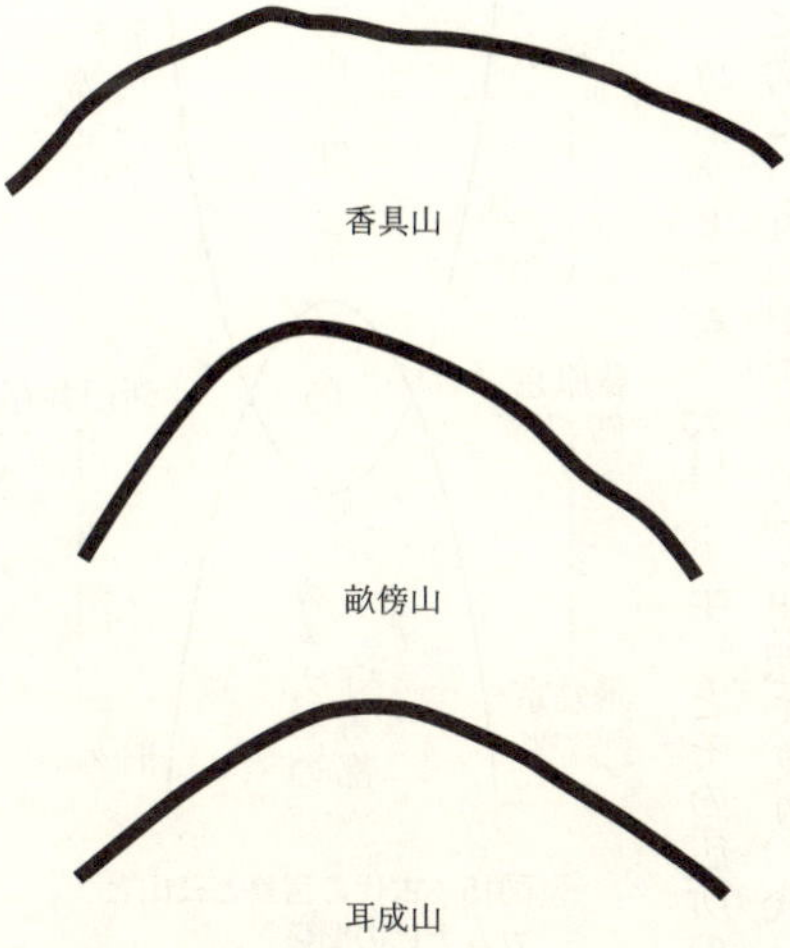

図14　藤原宮跡から見た三山の稜線イメージ

宮都の守護神の交替

『万葉集』の歌表現の分析を通して、「カムナビ」の語義を理解し、その上で古代宮都と「カムナビ」との関係について考えてきた。こうした作業を通してわかるのは、古層の信仰といわれるカムナビ信仰も、宮都との関わりでみた場合には、「カムナビ」から三山へという変化、あるいは消長があるということである。

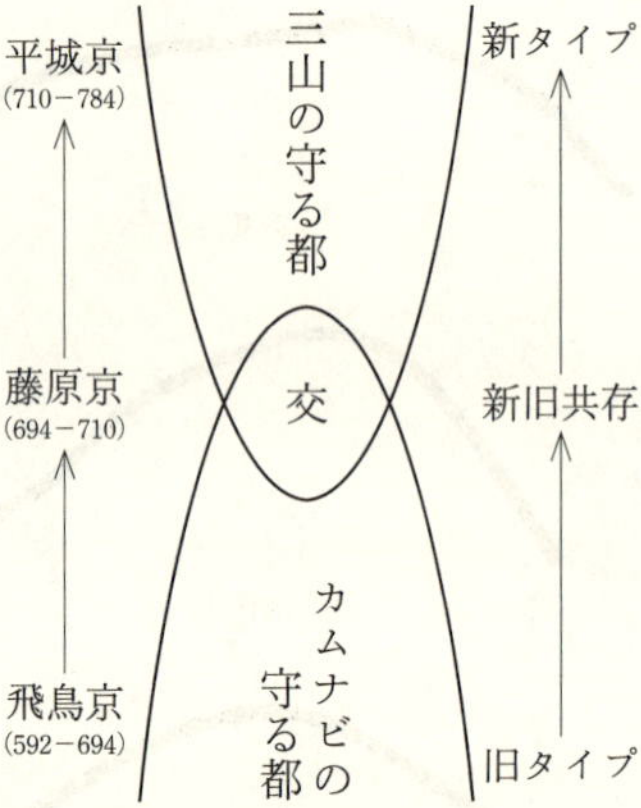

図15　古代の宮都と三山とカムナビの関係

「カムナビ」を、天皇（大王）とその居所の近き守り神とする信仰・思想は、平城遷都までに捨てられた旧型の信仰・思想であり、代わって平城京には三山が鎮をなしているのである。つまり、明日香は「カムナビ」が守る宮都であり、平城京は三山鎮をなした宮都といえるだろう。この間に入る藤原京は、その「交」にあたり、「カムナビ」と三山の新旧二つの信仰・思想が、交差・併存した宮都、と考えることができるだろう。そうであるがゆえに、平城京の生活者によって「カムナビ」は、「故郷の景」として、歌に表現されるのである。「カムナビ」と宮都との関係を『万葉集』を通してみた場合、以上のような歴史的変遷があると考えることができよう。

多神教社会においては、神は使い分けられるもの。神といえども、それぞれの時代に応じて、浮沈、盛衰もあるのである。天皇と天皇の都を守る神も、「カムナビ」から三山へと交替したのであった。もちろん、それは都に住む人びとの感覚なのだが——。

『万葉集』における「カムナビ」の全用例

▼カムナビ十山

1　ミモロの　カムナビ山に　五百枝《いほえ》さし　しじに生《お》ひたる　つがの木の　いや継《つ》ぎ継ぎに
玉葛《たまかづら》　絶ゆることなく　ありつつも　止《や》まず通《かよ》はむ　明日香《あすか》の　古き都は……
（巻三の三二四）大和・明日香

2　ミモロの　カムナビ山に　立ち向かふ　三垣《みかき》の山に　秋萩《あきはぎ》の　妻をまかむと　朝月夜《あさづくよ》
明けまく惜《を》しみ　あしひきの　山彦《やまびこ》とよめ　呼び立て鳴くも
（巻九の一七六一）不明

3　ますらをの　出《い》で立ち向かふ　故郷《ふるさと》の　カムナビ山に　明《あ》け来《く》れば　柘《つみ》の小枝《さえだ》に　夕《ゆふ》さ
れば　小松が末《うれ》に　里人《さとびと》の　聞き恋《こ》ふるまで　山彦《やまびこ》の　相《あひ》とよむまで　霍公鳥《ほととぎす》　妻恋《つまごひ》すら

し　さ夜中《よなか》に鳴く

（巻十の一九三七）大和・明日香

4　旅にして　妻恋すらし　霍公鳥《ほととぎす》　カムナビ山に　さ夜更《よふ》けて鳴く

（巻十の一九三八）大和・明日香

5　幣帛《みてぐら》を　奈良より出《い》でて　水蓼《みづたで》　穂積《ほづみ》に至り　鳥網《となみ》張る　坂手《さかて》を過ぎ　石橋の　カムナビ山に　朝宮《あさみや》に　仕へ奉《まつ》りて　吉野へと　入《い》ります見れば　古《いにしへ》　思ほゆ

（巻十三の三二三〇）大和・明日香

6　春されば　花咲きををり　秋付《づ》けば　丹《に》のほにもみつ　味酒《うまさけ》を　カムナビ山の　帯《おび》にせる　明日香《あすか》の川の　速き瀬に　生《お》ふる玉藻《たまも》の　うちなびく　心は寄りて……

（巻十三の三二六六）大和・明日香

7　ミモロの　カムナビ山ゆ　との曇《ぐも》り　雨は降り来《き》ぬ　天霧《あまぎ》らひ　風さへ吹きぬ　大口《おほくち》の　真神《まかみ》の原ゆ　思ひつつ　帰りにし人　家に至りきや

（巻十三の三二六八）大和・明日香

▼カムナビ＋川

8　かはづ鳴く　カムナビ川に　影見えて　今か咲くらむ　山吹《やまぶき》の花

（巻八の一四三五）不明

▼カムナビ＋〔ノ〕＋山／カムナビ＋〔ノ〕＋ミモロ＋〔ノ〕＋山／カムナビ＋〔ノ〕＋ミモロ＋〔ノ〕＋神

9 カムナビの 山下《やました》とよみ 行《ゆ》く水に かはづ鳴くなり 秋と言はむとや
（巻十の二一六二）不明

10 ひとりのみ 見れば恋《こひ》しみ カムナビの 山のもみち葉《ば》 手折《たを》り来《け》り君
（巻十三の三二二四）大和・明日香

11 葦原《あしはら》の 瑞穂《みづほ》の国に 手向《たむけ》すと 天降《あも》りましけむ 五百万《いほよろづ》 千万神《ちよろづかみ》の 神代《かみよ》より 言ひ継ぎ来たる カムナビの ミモロの山は……
（巻十三の三二二七）大和・明日香

12 ……春されば 春霞《はるかすみ》立ち 秋行《ゆ》けば 紅《くれなゐ》にほふ カムナビの ミモロの神の 帯《おび》にせる 明日香《あすか》の川の 水脈《みを》速《はや》み 生《む》したため難《がた》き 石枕《いしまくら》 苔生《こけむ》すまでに……
（巻十三の三二二七）大和・明日香

13 カムナビの ミモロの山に 斎《いは》ふ杉 思ひ過ぎめや 苔生《こけむ》すまでに
（巻十三の三二二八）大和・明日香

14 里人《さとびと》の 我《われ》に告《つ》ぐらく 汝《な》が恋《こ》ふる 愛《うるは》し夫《づま》は もみち葉《ば》の 散りまがひたる カムナビの この山辺《やまへ》から〈或本《ある》に云《い》ふ、その山辺〉 ぬばたまの 黒馬《くろま》に乗りて 川の瀬を七《なな》瀬《せ》渡りて うらぶれて 夫《つま》は逢《あ》ひきと 人そ告げつる
（巻十三の三三〇三）大和・明日香

▼カムナビ＋［ノ］＋モリ

15 カムナビの　磐瀬《いはせ》のモリの　呼子鳥《よぶこどり》　いたくな鳴きそ　我《あ》が恋増《こひま》さる

（巻八の一四一九）大和・竜田・磐瀬

16 カムナビの　磐瀬《いはせ》のモリの　霍公鳥《ほととぎす》　毛無《けなし》の岡《をか》に　何時《いつ》か来《き》鳴かむ

（巻八の一四六六）大和・竜田・磐瀬

▼カムナビ＋［ノ］＋崎

17 カムナビの　打廻《うちみ》の崎の　磐淵《いはぶち》の　隠《こも》りてのみや　我《あ》が恋《こ》ひ居《を》らむ

（巻十一の二七一五）不明

▼カムナビ＋［ノ］＋淵

18 しましくも　行《ゆ》きて見てしか　カムナビの　淵《ふち》は浅《あ》せにて　瀬にかなるらむ

（巻六の九六九）大和・明日香

▼カムナビ＋［ノ］＋原

19 カムナビの　浅篠原《あさじのはら》の　愛《うるは》しみ　我《あ》が思《おも》ふ君が　声の著《しる》けく

（巻十一の二七七四）不明

20 ▼カムナビ＋〔ノ〕＋里
清き瀬に　千鳥妻呼《ちどりつま》び　山の際《ま》に　霞《かすみ》立つらむ　カムナビの里
（巻七の一一二五）大和・明日香

21 ▼カムナビ＋〔ノ〕＋神依り板
カムナビの　神依《かみよ》り板《いた》に　する杉の　思ひも過ぎず　恋《こひ》の繁《しげ》きに
（巻九の一七七三）不明

22 ▼カムナビ＋〔ノ〕＋御田屋
かむとけの　日香空《そら》の　九月《ながつき》の　しぐれの降れば　雁《かり》がねも　いまだ来鳴《き》かぬ　カムナビの　清き御田屋《みたや》の　垣内田《かきつた》の　池の堤《つつみ》の　百足《ももた》らず　三十槻《みそつき》が枝《え》に　みづ枝《え》さす　秋のもみち葉《ば》　巻き持てる……
（巻十三の三二二三）大和・明日香

23 ▼カムナビ＋〔ニ〕＋ヒモロキ＋立テ＋〔テ〕
カムナビに　ひもろき立てて　斎《いは》へども　人の心は　守《まも》りあへぬもの
（巻十一の二六五七）不明

第五章　神の帯にする川

ハイテク都市と「カムナビ」

私が、前章において述べたかったことは、次の四点に集約することができる。

①「カムナビ」とは、神のいます地を指す言葉であり、一般には山岳と考えられているが、必ずしも山岳とは限らない。

②明日香のカムナビは、「カムナビ山」「カムヲカ」と呼ばれ、山ないし岳であった。それは、明日香に生活する人びととの絆となるような祭場、聖地であった。

③『万葉集』において、明日香のカムナビが多く歌われているのは、平城京で生活する人びとにとって、明日香は思慕されるべき故郷であり、その故郷を代表する景が「カム

ナビのミモロ」「ミモロのカムナビ」と呼ばれる「カムヲカ」であったからだということができる。

④その「カムナビ」は、明日香の都では、都の守り神であったが、藤原京以降、方形の宮都が整備されると、方形の三方を守る三山を守り神とする考え方が主流となっていった。したがって、平城京は、「カムナビ」の守る都ではなく、三山の守る都であったということができる。

今日、われわれは、明日香といえば、田園風景の広がるのどかな地を想起する。それは、万葉歌をみる限りにおいては、けっして誤りではない。たしかに、万葉歌に登場する明日香は、前章でみたような、清らかな山河の地であり、春秋朝夕の美を極める土地であった(一一二〜一一三頁)。が、しかし。考えてみれば、かつてそこは都であり、近年の発掘成果に示しているように、軒を接して宮殿、官舎、寺院が林立する、日本の最先端をゆくハイテク都市であった。宮殿は皇居であり、官舎は霞ヶ関《かすみがせき》の官庁街であり、寺院は仏教という国家が奨励する最先端の知の基地であった。いわば、大学だ。だから、明日香に住む人びとは、飛鳥寺や橘寺《たちばなでら》の塔を、今日の東京タワーや東京スカイツリーを眺めるように……見ていたはずである。そう考えてこそ、はじめて七世紀と八世紀とを生きた人びとの明日香の地に対するイメージに、ようやく近づくことができるのではなかろうか。

ところが、そういうハイテク都市に住む住民たちも、神います身近な山、特定の「モリ」を心の拠り所としていたのである。そして、遷都にともない、ほとんどの建物群が移築されてしまうと、残ったのは、山河だけであった。だから、平城京に住む人びとは、明日香古京を思慕する時には、必ず「カムナビ」と明日香川のことを歌ったのである。

前章を振り返ってみると、「カムナビ」と川をセットで歌った例もあることに気づかされる（6・12・14）。しかも、それらは、ほぼ明日香のカムナビと明日香川とみるべき例なのである。その代表が、山部赤人の歌であった（一一一〜一一二頁）。そこで、本章では、聖なるカムナビ山と対で歌われる聖なる川について、考えてみよう。

さやかなる川音

『万葉集』巻七に次のような歌がある。

1　大君《おほきみ》の　御蓋《みかさ》の山の　帯《おび》にせる　細谷川《ほそたにがは》の　音のさやけさ

（巻七の一一〇二）

図16　御蓋山　【上】飛火野から見た御蓋山。【下】雨天時は、背後の春日山が消え、このような景となる。奈良県庁から

仮に訳すと、「大君さまが、その笠にするという御蓋山、その御蓋山の帯にする細谷川の音のさやけさよ」となろうか。まず、考えてみたいのは、「御蓋の山の　帯にせる」という表現である。この御蓋山は、今日、春日大社の神のいます山となっている。つまり、神のいます山の近くを流れる川を、神のいます山の帯と喩えているのである。「さやけし」は、澄みわたった美しさを表現する形容詞であるが、それは〈景観〉にも〈心意〉にも、表裏一体

で用いられる表現である。ここで私が表裏一体といったのは、その澄みわたった景観を見る心の状態も、「さやけし」と表現されると思うからである。この歌では〈川の音〉と、それを聞く〈心〉の両方が、「さやけし」と歌われているとみてよいであろう。さやかな〈川の音〉が聞こえてくるのは、さやかなる〈心〉があるからだ、といえるのではないか。なぜならば、聞こうとする心のない者の耳に、〈川の音〉は聞こえてこないからだ。

三輪川の別れ、大神朝臣高市麻呂の思い

それでは、「神の帯にせる」という表現の主眼は、どこにあるのだろうか。以下、考えてみたい。同じような表現を取るものに、次のような歌がある。

2　大神大夫《おほみわだいぶ》、長門守《ながとのかみ》に任ぜらるる時に、三輪川《みわがは》の辺《へ》に集《つど》ひて宴する歌二首

ミモロの　神の帯《お》ばせる　泊瀬川《はつせがは》　水脈《みを》し絶えずは　我《あれ》忘れめや

［第二首省略］　（巻九の一七七〇）

歌にある泊瀬川は、三輪山の麓を流れており、そこでは三輪川と呼ばれていたのだろう。

大神氏は、古くから三輪山の祭祀を司ってきた氏族。まさに、「三輪の祝《はふり》」の家である（七四頁）。しかし、その三輪の祝であっても、律令官人として出仕する限り、当然の義務として地方に赴任もしなくてはならない。この歌は、地方赴任する三輪の祝の送別の宴席において歌われた歌なのである。訳すと、

大神《おおみわ》大夫が長門守《ながとのかみ》に任命せられた時に、三輪川のほとりに集って宴をした時の歌二首

ミモロの　神が帯にしたまう　泊瀬川《はつせがわ》――　その泊瀬川の流れが絶えない限り……　わたしは忘れるものか（故郷のことを、今日の日の宴のことを、皆さんのことを）

［第二首省略］

となろうか。『万葉集』の時代になると、畿内の〈豪族〉は〈貴族〉になり、〈官人〉となってゆく。ために大神氏の祝も、地方赴任をしたのであった。かの大神大夫が、長門守に赴任するにあたっては、「三輪川の辺に集ひて」送別の宴会が行なわれたようだ。祖先ゆかりの三輪の地が、送別の宴にふさわしい土地として選ばれたのである。『万葉集』に「大神大夫」と記されている人物が、「三輪朝臣高市麻呂《みわのあそみたけちまろ》」であるとするならば、『続日本紀』大宝《たいほう》二

年（七〇二）正月十七日条に、「従四位上、大神朝臣《おほみわ》高市麻呂を長門守と為《す》る」という任命記事を見出すことができる。だとすれば、その前後に、送別の宴は行なわれたと推定することができる。

大神大夫は、地方赴任にあたって、自らの祖先が長く祭祀に携わった「ミモロの神」の名を讃え、大三輪のカムナビと、その神への熱い思いを歌に託したのである。末尾句の「我忘れめや」とは、とりわけ大神氏とは所縁《ゆかり》の深い大三輪のカムナビと泊瀬川の景に対する言葉であるとともに、宴席の出席者に対して訴えかけられた言葉であって、ここに集まった人のことも忘れはしない、という含みもあるものと思われる。三輪山、三輪川への別れの言葉だ。

神の帯と表現される川

それでは、山の帯として表現される川は、泊瀬川のほかに、『万葉集』中どのような川があるのだろうか。

3　……味酒《うまさけ》を　カムナビ山の　帯にせる　明日香《あすか》の川の　速き瀬に……（巻十三の三二六六）

4　……秋行《ゆ》けば　紅《くれなゐ》にほふ　カムナビの　ミモロの神の　帯にせる　明日香の川の……

（巻十三の三二二七）

このように、川を帯に見立てる表現は、『万葉集』中には四例ある（1〜4）。このうち3と4は、明日香のカムナビの神に対し明日香川をその帯に喩えた歌。1は、御蓋山の神に対して細谷川をその帯に喩えた歌である。明日香のカムナビも御蓋山も、山そのものを神とする信仰形態をとっており、この表現が泊瀬川・明日香川・細谷川に共通するのは、三輪山・明日香のカムナビ・御蓋山が、神のいます山であることに由来しているのであろう。『万葉集』中において、泊瀬川・明日香川・細谷川に限って「神の帯」とすることは、単なる偶然ではない。三輪山周辺は、五・六世紀における天皇宮所在地。明日香は、六世紀末から七世紀末における天皇宮所在地。御蓋山は平城京の外京に接する地であり、天皇宮近辺の重要な聖地とそれぞれ認められるところである。つまり、神の帯にするという表現は、土地の神たる「カムナビ」などの山岳と、そこを流れる河川に対して用いられる表現なのである。

吉備の中山の帯にする川

そこで、こういった発想と表現が、どのように平安時代に受け継がれたか、みてみよう。『古今和歌集』（十世紀初頭ころ成立）の「大歌所御歌《おおうたどころのおおんうた》」の神遊び歌に、次のような歌がある。「大歌所」とは、宮中において伝統的な歌舞を後世に伝える伝統歌舞伝習所ともいうべき部署のことである。ということは、古い神楽《かぐら》の歌詞の一つとして、宮中で伝えられていた歌とみてよい。また、神遊びとは、神楽の呼称で、宮中の清暑堂《せいしょどう》と呼ばれる建物で行なわれた神楽と、大嘗祭《だいじょうさい》で行なわれた神楽と考えてよい。

5　まかねふく　吉備《きび》の中山　帯にせる　細谷川の　音のさやけさ

この歌は、承和《じょうわ》の御嘗《おほんべ》の吉備国《きびのくに》の歌　（『古今和歌集』巻二十の一〇八二）

吉備の中山は、通説に従えば、岡山市と倉敷市《くらしき》のほぼ中間にある山ということになるが、現在この山の北東の麓には吉備津彦《きびつひこ》神社が鎮座しており、頂上には大吉備津彦命《おおきびつひこのみこと》の墓と伝えられる古墳がある。一方、北西の麓には吉備津神社が鎮座している。キビツヒコという名称からしても、国魂《くにたま》（その土地の神）のいます山であり、神の山であるとみてよいであろう。

訳すと、

ふいごで風を送って造る真金　その真金で有名な吉備の中山　かの吉備の中山を　帯が

巻くように流れる　細谷川の……　流れゆく音のさやけさ――

　この歌は仁明《にんみょう》天皇の御代の大嘗祭《だいじょうさい》の吉備国の歌です。

となろうか。左注にいう「承和」（八三四～八四八）は、仁明天皇（在位八三三～八五〇）の御代の年号で、仁明天皇の大嘗祭の主基国《すきのくに》は、吉備国であり、この歌は吉備国から奉られた大嘗祭の風俗歌《ふぞくうた》なのである。大嘗祭とは、天皇の御代替わりの大切な儀式。大嘗祭の中心になるのは、天皇への新穀献上の儀式であり、天皇は、献上された新穀を食することによって、大和の統治者としての力を得るのである。天皇が食する新穀を献上する国は、占いで東国と西国から一国ずつ、二国が選ばれる。その一国が主基国である。主基国は、都より西の国々を代表するかたちで、新穀を献上することになっていた。

　さて、大嘗祭においては、新穀の献上とともに、風俗歌という地方の歌も献上されることになっていた。それも、音楽と舞を伴って。この歌は、仁明天皇の大嘗祭において献上された風俗歌であり、その風俗歌を『古今和歌集』は、現在に伝えてくれているのである。

聖なる山と聖なる川

風俗歌は、その土地を代表する景を歌い込むのを常としていた。では風俗歌に登場する

「神の帯ばせる」とは、いったい、どんな表現なのか？　おそらくそれは、聖なる山川につきまとうがごとき類型表現といえるのではないか。平たくいえば、定番表現ということである。しかも、この歌は、歌い継がれていたらしいのである。平安後期から鎌倉期において、貴族などの宴で歌われていた雅楽風の歌謡を集めた『催馬楽《さいばら》』という歌集にある、次の歌をみてみよう。

6　真金《まがね》吹く　吉備の中山　帯にせる　なよや　らいしなや　さいしなや　帯にせる　はれ
帯にせる　細谷川の　音のさやけさや　らいしなや　さいしなや　音のさや　音のさやけさや
（『催馬楽』真金吹、三二）

ちょっと民謡風に遊んで訳してみようと思う。カタカナの部分は囃《はや》し言葉である。訳せば、

ふいごで風を送って造る真金　その真金で有名な吉備の中山がね……　帯としている
ナヨヤ　ライシナヤ　サイシナヤ　帯としている　帯としている　ハレ――

帯としている　細谷川の　流れゆく音のさやけさ　ライシナヤ　サイシナヤ　音のさや　音のさやけさ――

となろうか。この催馬楽の歌と、万葉歌との関係をどうみるかについては、にわかに判断することは難しいところなのだが、伝えられた万葉歌の後世における歌唱法の一つとみることもできる。表現をみてみると、大げさで、なんとなくユーモラスだ（ほんとに、中山の帯かよー、という感じ）。だから、楽しい宴にふさわしい歌として歌い継がれていたのかもしれない。この歌は、ずっとずっと後代の鎌倉期の歌謡にまで、伝えられていたようなのだ。

歌を『古今和歌集』の風俗歌に戻そう。風俗歌の献上には、その国の魂を奉る意味合いもあるので、その国を代表する聖なる山と聖なる川を歌い込む必要があるのである。つまり、この常套《じょうとう》表現は、その土地を代表する神を表象する歌表現、といえるのではないのか。国々の御魂《みたま》のこもる地の地名の入った歌、なかんずく、その地域に生きる人びとの心の拠り所となっている聖地を歌った歌が天皇に献上されることによって、天皇こそが、かの地の統治者であるということを象徴的に表すのが大嘗祭における風俗歌献上の役割なのである。権力というものは、建造物、武器と軍隊などの重厚長大なもので表象されることもあれば、歌の献上といった軽やかで柔らかなもので表象されることもあるのである（いわば、今日でいう「ソフトパワー」)。そういう歌が、数世紀にもわたって歌い継がれていたのであった。

春日の細谷川の聖水

以上の点を踏まえつつ、1の「細谷川」について、再び考えてみたい。「細谷川」は、固有名詞（この場合、地名）とも考えられるが、地形を表す普通名詞と考えても差し支えない。また、場所は、現在の奈良市「水谷川《みずやがわ》」とみられている。この水谷川の水源には、上水谷《かみみずや》神社が祀られている。どうも、水谷川は、春日大社にとって、大切な場所だったようなのである。

水谷川は春日山中の上水谷神社付近に源を発し、御蓋山と若草山との間を西流、吉城《よしき》川《がわ》から佐保川《さほがわ》となる。春日本社から若草山麓へ向う道路とこの川の交点に摂社水谷神社が鎮座し、古来この川の水は神饌《しんせん》調理用水（神に献上する食事を作るための水——引用者注）等に使われる神聖な川とされてきた。従ってこの川上で死者などが出ると神饌調理ができなくなったのである。

又、鎌倉時代の文永《ぶんえい》四年（一二六七——引用者注）には、この川の上流月日岩《つきひいわ》付近から分水して、社頭へ引き入れる工事が始められている。

（大東延和「春日大社境内の土地・個有物件等に関する文献史料」）

まさに、春日の聖水の流れる川だった、といえるだろう。山を人と見立て、その山から流れる川を帯と見立てる「山の帯にする川」という表現は、三輪山・明日香のカムナビ・御蓋山・吉備の中山に対して用いられている。そして、これらの山々は、ともに神のいます山なのであった。「神の帯にせる」「神の帯ばせる」という表現は、国つ神、国魂のいます山から流れる、聖なる川を歌う常套表現であった、とみてよいだろう。

それにしても、なんという大きな歌いぶりなのだろう。

富士山とカムナビの山、ミモロの山との比較

では、神のいます山に対して、古代社会に生きた人びとは、どのように接してきたのであろうか。「カムナビ」や「ミモロ」と称されることもあった山々は、笠型で美しい山々であった。そして、人びとは時には、その山に登っていたこともわかった。そこで、カムナビの山、ミモロの山と富士山とを比較してみよう。富士山とは、どのように違うのか？　やはり、山を論じるのに、富士山は外せない。

じつは、富士山を、日本を代表する山として象徴的にとらえようとする見方は、『万葉

集』にその源流があるのである。高橋虫麻呂《たかはしのむしまろ》「富士の山を詠む歌一首」には、次のようにある。

……日本《ひのもと》の　大和《やまと》の国の　鎮《しづ》めとも　います神かも　宝とも　なれる山かも　駿河《するが》なる　富士の高嶺《たかね》は　見れど飽かぬかも　（巻三の三一九）

まさに、山の雄大さを讃えた表現である。訳すと、

……日本の　大和の国の　鎮めとしても　います神であろうからか　国の宝たる　山であろうからか　駿河の国なる　富士の高嶺は……　見ても見ても飽きぬ山ぞ——

となろうか。この表現から、富士山を、大和の「鎮めの山」、国の「宝の山」とする思想を読み取ることができる。こういった富士山に対する畏敬の念がよく表れている歌が、もう一つある。山部赤人の「富士の山を望む歌一首」である。

山部宿禰《すくね》赤人が富士の山を望む歌一首〔并《あは》せて短歌〕

天地《あめつち》の　分《わか》れし時ゆ　神《かむ》さびて　高く貴《たふと》き　駿河《するが》なる　富士の高嶺《たかね》を　天《あま》の原　振り放《さ》け見れば　渡る日の　影も隠《かく》らひ　照る月の　光も見えず　白雲《しらくも》も　い行《ゆ》きはばかり　時じくそ　雪は降りける　語り継ぎ　言ひ継ぎ行かむ　富士の高嶺は

（巻三の三一七）

〔反歌省略〕

天地開闢《かいびゃく》から説き起こして、日と月と雲の威光も及ばない富士の偉容を、余すところなく歌っている歌だ。つまり、富士山に対する宗教的心性の源は、その偉大なる「山容」にあるのである。訳すと、

山部宿禰赤人が富士山を遠く望んで作った歌一首〔短歌を合わせている〕

天と地が　別れたその時から……　神々《こうごう》しく　高く貴い　駿河の国の　富士の高嶺を　天の原を　振り仰いで見ると　空を渡る陽の　影も隠れ　照る月の　光も見えない　白雲も　進みかねるばかり　時ならず一年中　雪は降り続けている　語り継ぎ　言い継いでゆこう　この富士の高嶺のことは――（われは語りゆかん永遠に）

［反歌省略］

となろうか。まさに、神話的世界のなかにある山とさえいえるだろう。ちなみに、富士山に多くの人びとが自由に登ることができるようになったのは、西洋の近代登山技術が普及した明治に入ってからのことである。

これに対し、同じ山部赤人には、すでにみた「神岳《かむをか》に登りて作る歌」（巻三の三二四）があった（一一二頁）。

登ることのできぬ高く貴い山は、ただ振り仰ぐのみである。だとすれば、仰ぎ見ることも一つの宗教行為ということができよう。一方、そこに登ることも、同じく宗教行為だということができる。有名な舒明《じょめい》天皇（在位六二九～六四一）御製歌《ぎょせいか》には、

大和《やまと》には　群山《むらやま》あれど　とりよろふ　天《あめ》の香具山《かぐやま》　登り立ち　国見をすれば……

（巻一の二）

とある。訳すと「大和には、たくさん山々があるけれど、神々しい天の香具山に登り立ち、国見をすれば……」となろうか。天皇（大王）自らが、香具山に登り国見をしたことが、歌

中に表現されている。国見が秋の稔《みの》りをあらかじめ祈る祭儀（予祝儀礼《よしゅくぎれい》）であったことは、折口信夫をはじめとする民俗学派の学者たちが縷々説いている通りで、この場合は山に登ることに、宗教的な意義があるのである。

人の登らぬ富士山、人の登る筑波山の伝説

とすれば、山容を仰ぐことに神の存在を観想する宗教的心性と、山に登ることで神の存在を実感しようとする宗教的心性が、古代においても併存・交錯していた、とみなければならないだろう。

人の登る山と、登らない山ということを考えるについて、重要な伝えが、『常陸国風土記《ひたちのくにのふどき》』（七二一年ころ成立）のなかにある。「神祖の尊《みおやのみこと》」の巡行の話である。ここでいう巡行とは、巡り行く旅のことであり、「神祖」とは神の祖先という意味である。昔、「神祖の尊」がその子孫たちのところを旅していた時のこと。駿河の富士山に着くと日暮れとなってしまった。ために、祖先神にあたる「神祖の尊」は、一夜の宿を富士の神に乞うたのである。ところが、あいにく当日は、新しくできた粟《あわ》の収穫祭をしていて、「ものいみ」をしているので、富士の神はこれを断ってしまう。「ものいみ」とは、祭りのために、慎んだ生活をし、身辺を清浄に保つことである。「神祖の尊」は、「私はお前の祖先なのだぞ」と恨み罵《ののし》り、

……汝《いまし》が居《す》める山は、生涯《いき》の極《きは》み、冬も夏も雪ふり霜おきて、冷寒《さむ》さ重襲《しき》り、人民《ひと》登らず、飲食《をしもの》奠《たてまつ》ること勿《な》けむ……

（『常陸国風土記』筑波《つくば》の郡条）

といった呪いの言葉を吐くのである。訳すと、

お前たちが住んでいるお山は、お前たちが生きている限り、冬も夏も雪が降り霜がおりて、寒さがつぎつぎと襲って、人びとは登ることなく、飲食物を供える者もいない——となろうか。つまり、もう宿など貸してもらわなくてよい——。そのかわり一年を通して雪を降らせ霜をおいて、人が登れないようにしてやる。人びとの供え物も、富士山には、お供えできないようにしてやるぞと、呪いの言葉をかけたのであった。

これに対して、筑波の山は同じ新粟の収穫祭の夜ではあったが、「神祖の尊」に宿を貸して丁重に大切な客としてもてなしたのであった。その結果、以後、富士の山は、常に雪が降って登ることができなくなり、対して筑波の山は、多くの人びとがあい集い、歌い、舞って、

酒を飲む人でにぎわう山となった、というのである。

聖なる山への接し方

この話は、『常陸国風土記』の伝える伝説であり、常陸国（現在の茨城県）で筑波山を常に仰ぎ見て暮らす人びとの間で語られた話なので、富士山にはたいそう分の悪い話となっている。ところが一方では、古代の富士と筑波の信仰の違いをはっきりと伝える話となっている。つまり、筑波山は春と秋には多くの男女が酒を持って登り、遊覧して歌を歌い、共寝をする歌垣《うたがき》という行事を行なう山であり、登る山として描かれているのである。『万葉集』にも、「筑波嶺《つくはね》に登りて嬥歌会《かがひ》を為《す》る日に作る歌」（巻九の一七五九、一七六〇）をはじめとして、筑波山に登る多くの歌が収載されている。

図17　富士山（上）と筑波山　読売新聞社提供

すなわち、この話は、筑波山が多くの人の登る山であり、富士山が人を寄せ付けない山である理由を説明するという役割も荷なった伝説ないし神話なのである。筑波山が登る山の代表として描かれているのも、当時の山岳信仰のかたちの違いを反映しているとみてよいだろう。

かえりみて、カムナビの山が登る山であったことは、間違いない。しかし、山に神を感じるがゆえに山を「仰ぎ見る」という心と、山に神を感じるがゆえに「登る」心は、時に重なりあい、時に表裏一体をなすとみなくてはならないのである。つまり、「仰ぐ」と「登る」という二つが、聖なる山に対する接し方なのである。本書が語ろうとするのは、古代の文献、なかんずく、古典文学から導き出される文化論なのだが、人と山、人と川、山と川との関係を、「カムナビ」を中心に具体的に考えてみたつもりである。縷々述べたように、神にも人としての性格があり、人にも神としての性格がある。だから、山が神ならば、その山の麓を流れる川は、神のする帯だと歌うのである。

ために、万葉びとたちは……なんの衒《てら》いもなく、神と人と自然を区別することもなく、かくなる表現をなしたのである。

第六章　ミモロは人の守る山

山に登る宗教、山に籠もる宗教

私が、前章において述べたかったことは、次の四点に集約することができる。

①　山の帯にする、神の帯にするという表現は、山の麓を流れている川ならば、いかなる川についても使用できる表現ではあるが、歌のなかでは、三輪山・明日香のカムナビ・御蓋山・吉備の中山についてのみ使用されている。

②　三輪山・明日香のカムナビ・御蓋山・吉備の中山の共通点は、各地域において神のいます山として認識されている聖地であり、その地域を代表する〈景〉として認識される山々だということである。いわば、国つ神、国魂のいます地の〈景〉である。

③ 天皇の御代替わりの儀式である大嘗祭に献上される風俗歌にも「まかねふく 吉備の中山 帯にせる 細谷川の 音のさやけさ」という歌があるのは、吉備国の国魂のいます山の〈景〉を歌った風俗歌が天皇に献上されることに、一つの象徴的意味があったからである。つまり、天皇こそがこの国を治める人なのだということを、風俗歌の献上という儀礼によって表すのである。それは、国々の魂が、天皇に対して献ぜられることになるからである。

④ 特定の山が神を強く意識させる場合、その山を仰ぎたいという宗教心意が生まれ、またその山に登りたいという宗教心意も生まれてくる。したがって、神います山々を仰ぐことも、神います山々に登ることも、今日でいえば、ともに一つの宗教行為と考えねばならない。

前章においては、聖なる山河を象徴的に表す表現について考えてきたわけであるが、私のいう宗教心意とか、宗教行為というものは、特定の教団の教え、経典の教えにあたるようなものでは、けっしてない。神や聖なるものに対する感じ方であり、その感じ方に基づく接し方のことである。私は、万葉歌を読み解くことによって、神や聖なるものに対する万葉びとの感性と、万葉びとの接し方を明らかにし得る、と信じている。

図18　山で修行する修験者　白い山伏装束に身を包み、読経をしている。奈良県吉野山にて。読売新聞社提供

一方、こういった感性や接し方をもとに、現在も多くの教団が活動していることも事実だ。たとえば、修験道《しゅげんどう》においては、山に登り、山に籠もるということ自体が、大切な行の一つとなっている。つまり、神仏を感じんがために、山に登る宗教、山に籠もる宗教もあるのである。

泣く子守る山

ここで、今までの議論を踏まえて、もう一つ注目しておきたい万葉歌がある。それは、「ミモロ」に対する一つの感じ方、接し方がよく表れた歌である。

ミモロは　人の守《も》る山　本辺《もとへ》には　あしび花咲き　末辺《すゑへ》には　椿《つばき》花咲く　うらぐはし
山そ　泣く子守《も》る山

（巻十三の三二二二）

ミモロに咲く花を、麓と頂で対応させて歌った歌である。訳すと、

ミモロは　人の守る山——　麓のあたりには　あしび花咲き　頂のあたりには　椿花咲く　心ひかれる山だ　泣く子を守るかのごとくに守るこの山（なんと心ひかれる山か　この山は——）

となろうか。この「ミモロ」がどこを示すかは難しいが、大三輪のカムナビか、明日香のカムナビのどちらかだと、一般的には考えられている。ただ、もう一つ別の解釈も可能。「ミモロ」一般について歌っているので、特定の「ミモロ」と解釈する必要はないのではないか、という解釈である。したがって、「ミモロというものは」くらいの意味で考えておくのも一案だ。

私が、ことに着目するのは、上《かみ》二句で明確に「人の守る山」と歌われている点である。つまり、人が守っているというのであり、だから麓にあしびも咲き、頂に椿の花も咲いている、と歌っているのである。そして、その守り方は、泣く子を守るようだと、末尾句で言及され

ているのである。いったい、泣く子のお守りをするようにとは、どのように、「ミモロ」を守ることとなのであろうか。

「もる」と「まもる」

そこで、「もる」という語と、関わり合いの深い「まもる」という語についても、古代語専用の辞典の記述をみておこう（用例部分は省略）。

もる［守］（動四）①守る。番をする。見張る。②うかがう。気にして待つ。他人に気づかれぬようにする場合にいう。

まもる［守・護］（動四）①じっと目を離さずにいる。見つめる。様子をうかがう。目《マ》＝守《モ》ルの意。②守護する。防ぎまもる。

（『時代別国語大辞典　上代編』）

基本的には、どちらも、対象をよく観察し、外部から害をもたらされようとした時に防御したり、侵入者を排除したりする行為をいうようである。「もる」と「まもる」の関係でいえば、接頭語の「ま」が、「もる」に付いたかたちが「まもる」である。引用した辞書は、

「ま」を目のこととし、見ることを強調するかたちが「まもる」だとしている。もちろん、その解説でもよいのだが、接頭語の「ま」には、「ほんとうの」「真の」という意味を添える「ま」もあり、「もる」を強調したかたちと考えても差し支えはない。たとえば、同じ旅でも、期間が長くなってくると、本格的な旅となった、ほんとうの旅となったという意味で「またび(旅)」」(巻二十の四三八八)というのである。したがって、「もる」を強調するかたちが、「まもる」と考えてもよいだろう。それを念頭に置きつつ比較してみると、「もる」という語と「まもる」という語の意味には、大差はないようである。

では、「もる」と「まもる」という語の本質はどこにあるかというと、対象物をよく見て、管理をしてやるということにあるようである。したがって、「ミモロ」を人が「もる」というのは、勝手に伐採しないように不審な侵入者を見張る。「ミモロ」としてふさわしい景観になるように樹種を選んで必要な木を残す。清浄を保つ等々の行為を、具体的には指すのであろう。

何をどう守るのか

それは「つくる」という行為とは、まったく異なるものである。存在するものを、見守るという行為である。今日、われわれは、「森を育てる」とか、「森を作る」などと表現するが、

「ミモロ」は人が作ったり、育てたりするものではないのである。人にできることは、

「モリ」に早くなってほしいと願うことくらいなのである（六一頁、巻十の一八五〇）。

古典の言葉では、幼児期の子どもについては、「ひたらす」（日足らす）がある。「ひたらす」とは、日を重ねさせてゆくことであると考えればよい。また、「やしなふ」（養ふ）という言葉があるが、こちらは、年齢にかかわらず、生きてゆくことができるように、衣食住が足りる状態にすることをいう。どちらにせよ、「作る」とか、「育てる」とかいう行為とは、まったく異なるものである。ちなみに、「育てる」という語を文献で確認できる最初の例、すなわち初見は、『平家物語』（十三世紀前半成立）である。


では、『万葉集』では、誰が何を「もる」「まもる」対象としているのかというと、

野守……野の動植物と景観を管理する（巻一の二〇）。

山守……山の動植物と景観を管理する（巻二の一五四、巻六の九五〇）。

島守……島の駐在員のようなもので、見張りが中心であろう（巻四の五九六）。

渡し守……渡航の船と運行管理を行なう（巻十の二〇七二）。

時守……鐘や太鼓で時間を知らせ、時間を管理する（巻十一の二六四一）。

山田守……山の田圃《たんぼ》は、鹿猪に荒らされやすく、ことに収穫の前にはタヤ（田屋）・タブ

セ（田伏）と呼ばれる建物を田に建てて、見張りを行なっていた（巻十の二一五六、巻十一の二六四九）。

母親（娘を守る）……結婚前の娘が、悪い男と恋愛関係にならないように、母親は娘を見張ることを常とした（巻八の一六三三～一六三五、巻十二の三〇〇〇）。

などである。つまり、空間や時間、人を管理して、うまく利用できるような状態にすることこそ、「もる」「まもる」ということなのである。たとえば、野守・山守・山田守は、そこからもたらされる幸が最大になるように、さらには永続的に、毎年幸が得られるように、野、山を管理するのである。ここでいう幸とは、猪・鹿などの獣、薬草、野菜、山菜のことである。また、天皇や貴族が、狩猟、薬狩りを行なおうとする場合、事前にその場所を立ち入り禁止にして、当日、その幸が得やすいようにするのも、野守、山守の大切な仕事であった。

子は授かるものか、子は作るものか

少し、余談を。一九六〇年生まれの私には、違和感を感じてしまう言葉がある。私は、「米作り」とはいっても、「子作り」という言葉は使用したくない。もちろん、性行為によって妊娠するのだが、「子作り」というと、不快な感じがする（「はしたない」という感覚）。私の感覚では、子は「授かる」ものだからである。

また、「子育て」も、違和感を感じてしまう。「子育て」と聞くと、実子以外の子どもを養育しているように聞こえてしまうのは、私だけだろうか。まして、「子育て支援」などは論外だ。政策の必要性と政策の内容には賛成でも、「支援」という言葉は親にも子どもにも、失礼だと思う。つまり、支援などという言葉を使うのは、全世代に共通するこの国の大切な問題であるという認識がないからだ。私の感覚を、○△×で表すと、

○子を授かる
○子を生む
×子作り
△子育て（実子については「養う」）
○子守り

である。今日においては、性行為から受精卵の着床までの受胎のメカニズムに対する知識や、遺伝子に関する知識が普及しているので、「授かる」という感覚はなくなっているのかもしれない。ところが、あたかも、牛乳と卵でプリンを作るというのと同じに聞こえてしまうの

で、私にはなんとも不快なのだ。というのは、子がこの世に生を享《う》けるということのすべてが、人為的になされる行為の結果であるなどとは、けっして認めたくないからである。つまり、人間存在には、常に未知数の部分が存在していると思いたいのである（未知数の内包を常態とみる）。いわば、人の思考では説明できない未知数もあると考えたいのである。すべてが、一つのメカニズムのなかにあるとは、けっして考えたくはないのである。そのイメージを記すと、

「作る」のイメージ（＝牛乳と卵でプリンを作る）

A（特定数）×B（特定数）＝C（特定数）

「授かる」のイメージ（未知のものから与えられる）

A（特定数）×B（特定数）×x（未知数）＝y（未知数）

のようになろうか。今日、自由に生命調節ができる時代に入ったようだが、私のみるところ、生命調節を忌避する問題提起は、次の二つの観点からなされている。一つは、生化学者たちの生命調節忌避論で、種の保存という観点から、生存競争による、ある程度の自然淘汰《とうた》が必要だとする考え方。もう一つは、宗教者たちからの問題提起で、生命の調節は、神仏の領域

を侵犯するという議論である。

一つの文明批判

私のような一介の古典学徒が、近代文明批判をすることなどおこがましいことなのだが、私は次のように考えている。近代合理主義は、未知なるものを明らかにすることから出発する。したがって、生命についても、それを一つのメカニズムとして理解しようとする。つまり、未知なるものを無くすことにこそ、近代合理主義の本願とするところがあるのである。もちろん、次のような反論は覚悟の上である。未知なるものが、明らかになることによって、われわれは豊かな生活ができるようになったのだから、その恩恵を受けていながら、近代合理主義を否定するのでは、辻褄《つじつま》が合わないではないか、と。

しかし、私が感じる不快感は、すべてを確率の問題として処理し、すべてを一つのシステムとして理解しようとする考え方に対して、湧き起こってくるものである。実際、研究の個々の事例にあたってみれば、いくつもの作業上の仮説の上で、学問というものはなされている。したがって、その仮説や前提が一つでも無くなってしまえば、砂上の楼閣、机上の空論となってしまうものなのだ。すべての未知数が無くなるということなど、あり得ないのではないか。「子作り」「子育て」「森作り」「森を育てる」が今日許容されるのは、未知なるものを排除しているからではないかと思えてならないのである。これは、あらゆることにいえるのではなかろうか。

万葉びとは、恋を疾病の一種と考え、自らの意思によって行なわれる行為とは考えていない。病気のように、突然身に降りかかるものと考えている。つまり、恋をしようなどというように、行為として考えることはない。したがって、賢い恋などというものも存在しない。身に降りかかった困難な状態こそ、恋なのである。近代合理主義は、極度に人間の意思を尊重し、すべてを行為の結果と考える傾向が強すぎるのではないか。私は、安直な古典回帰主義に与《くみ》する者ではないが、生きるということ自体が、多くの未知数を抱え込むことではないのか、と思う。

ふたたび泣く子守る山

閑話休題。もう一度、「泣く子守る山」という言葉について考えてみたいと思う。「泣く子と地頭には勝てぬ」という慣用句があるように、泣く子をお守りすることは難しい。愛するがゆえに、抱っこする、あやす、乳を与えるという行為をする。果たして、泣く子が泣き止むことも多い。だから、人びとはなんとかして泣く子を静かにさせようと、抱っこもし、あやしもし、乳を与えもする。しかし、そうすれば、必ず泣き止むというわけではない。子どもの腹の虫の居所が悪い時もあるのである。つまり、「ミモロ」を泣く子を「もる」ように守ると表現するのは、泣く子をお守りするように、よく観察し、害をなすものから守っても、だからといって、必ず泣き止んでくれるわけではないということを表しているのである。「ミモロ」は人の守る山、というのはそういう意味である。

さて、本章の末尾に、なぜ私が「子育て」という言葉の使い方にこだわったか、説明しよう。『読売新聞』の「人生案内」という相談欄にこんな相談を見かけたからである。

40代主婦。高2の娘、高1と中1の息子が皆、言うことを聞かなくなりました。
知的好奇心の育成のため幼児教室に通わせるなど、育児と教育に力を注いできました。小学校ではそれぞれ児童会長や運動会の応援団長、卒業式の答辞を読む役を務めるなど活躍。私の夢をかなえてくれた子どもたちに感謝していました。
それが今では、3人とも悪魔に心を売ったかのように汚い言葉を使い、何の役にも立たない人間になりました。長男は部活動三昧《ざんまい》で家では食べて寝るだけ、次男はテレビを見放題で成績が落ちました。努力家だった長女も高校で何の成果も残せず、家族に当たり散らします。活躍する高校生の姿をテレビで見るたび、娘が心配になります。

夫は「反抗期だから仕方ない」と言いますが、私は現状を受け止められず、「大事に育てなきゃよかった」と口にしたこともあります。どうすればいいかわかりません。

（千葉・K子）

（『読売新聞』二〇一二年二月十九日朝刊、傍点は引用者）

第七章　畏怖と愛惜という感情

泣く子と地頭

私が、前章において述べたかったことは、次の三点に集約することができる。

①「ミモロ」は、人の「もる」「まもる」山である。古典語の「もる」と「まもる」の意味は、ほとんど重なるが、その意味は、よく見て、適正に管理し、外部から対象物を犯す者が現れた場合は、排除することにある。したがって、「ミモロ」は、人が管理する、あるべき自然なのであって、あるがままの自然ではない。

②だから、「ミモロ」は、人が作るものでも、養うものでも、育てるものでもない。さらには、人が所有すべきものでもない。ましてや、創造主の神が作ったものでもない。

③ では、「ミモロ」を「もる」ということは、どういう行為かというと、具体的には聖地にふさわしい神々しい景観となるように樹種を選んで残し、清浄を保つというような行為であったと推定できる。

こう整理してみると、「ミモロ」を「泣く子守る山」と称しているのは、大切にお祀りする山であることを示しているとわかる。と同時に、相手は人ではあるけれど泣く子なので、「ミモロ」とはそのように、人が完全に掌握・支配できる存在ではない、ということも表している。ここに、ミモロの神に対する万葉びとの考え方が表れているといえよう。それは、私が、中途半端な文明批判のなかで繰り返し述べた、人間は未知数を抱え込む存在だということに繋がっている（一七〇頁）。「泣く子と地頭には勝てぬ」という慣用句は、初見が十八世紀にまで下る言葉ではあるが、この句は、いかなる力をもってしても、その力が通じない相手も存在するということを表す慣用句なのである。泣く子とは、そういう存在なのである。

祀ることによって、うまく鎮まってくれることもある神なのだが、人がどんなに丁寧、丁重に祀っても、鎮まってくれないこともある。人に害をなすこともあるのである。ミモロの神とはそういう存在なのであった。これは神との契約によって、神にも人にも権利や義務が生じる一神教の考え方とは、まったく異なる考え方といえよう（たとえば、モーゼの十戒などと比べればわかる)。つまり、人が祈り、かつ丁重に祀る神であっても、神には人の力ではいかんともしがたい部分があるということを表しているのである。

いかなる信仰も、真心をもって祭りごとをする人こそが救済(ないし除魔、招福)の対象になるようにできている。それは、何もしないでよいというのならば、信仰にならないからだ。ところが、神からあらかじめ定められた戒《かい》が授けられ、その与えられた戒を守ることによって救済がされるというような関係性、いわば神と人との契約関係は、ミモロの神と人との間には存在しないのである。あやすことで、子は泣き止んでくれることもあれば、泣き止んでくれないこともある。ただ、子守りにできるのは、あやすことだけ。そういう関係が、人と「ミモロ」の関係なのである。

何人《なんぴと》も、赤ん坊とは契約できない——。

ミモロの神と人間との緊張関係

そこで、大三輪のカムナビすなわちミモロの神と、天皇との関係について考えてみよう。それは、じつに興味深いものだ。天皇は、この神のために、悪戦苦闘、苦心惨憺《さんたん》、手を焼いているのである。『日本書紀』の崇神《すじん》天皇の条は、律令国家成立以前、仏教伝来以前の天皇と国家、国家と神祀り、神祀りと天皇の関係を語る伝えを集中的に記している条である。つまり、『日本書紀』はこの部分で、律令、仏教伝来以前の国のありようを語ろうとしているのである。それは、『日本書紀』全体の構想上、崇神天皇の時代のこととして、この部分に置かれているというくらいに考えておいた方が実態に近いと思われる。

そこで、崇神天皇五年から七年にかけての、祭祀関係記事についてみてみよう。幸いにも古典学者の谷口雅博《たにぐちまさひろ》に、簡潔にして要を得た整理があるので、参考にしつつ、補足を加えて説明をしてゆきたい（「崇神紀・大物主神《おおものぬしのかみ》祭祀伝承の意義」）。崇神天皇は、ミモロの神である大物主神を祀るまで、次のような苦労を重ねているのである。

五年　国内に疫病が流行し、人口の過半数が死亡する事態となる。まさに、国家存亡の危機である。

六年　国内の百姓たちは流民化し、離散。また、反乱を起こす者も現れはじめた。これまで、天照大神《あまてらすおおみかみ》と大和の大国魂《おおくにたま》の二神を宮中にお祀りしていたのだが、互いの神の威力がぶつかりあうことが疫病と治安悪化の原因と考えた崇神天皇は、皇女である豊鍬入姫命《とよすきいりびめのみこと》に命を下して、大和の笠縫邑《かさぬいのむら》に天照大神をお祀りした。また、大国魂の神を同じく皇女の渟名城入姫命《ぬなきのいりびめのみこと》に託して祀るが、渟名城入姫命は髪が抜け痩せ衰えて、お祀りすることができなかった（結局、この国家存亡の危機は、天照大神と大国魂の神のせいではなかったことになる）。

七年　二月　大物主神が、孝霊《こうれい》天皇の皇女である倭迹迹日百襲姫命《やまとととひももそびめのみこと》に神懸かりして、自分を祀るようにと要求。神懸かりの教えどおりに祀るが、効果はなく事態は収拾できなかった（これは、皇女では、神意を充分に汲《く》み取れなかったということを表す）。

大物主神が、崇神天皇の夢に現れ、国が治まらないのは、自分の意思である。自分の子である大田田根子《おおたたねこ》を登用して、自分自身をお祀りすれば、国は治まると告げる（神による祭祀の要求）。

八月　倭迹速神浅茅原目妙姫《やまととはやかむあさじはらまぐわしひめ》と、穂積臣《ほづみのおみ》の遠祖大水口宿禰《おおみなくちのすくね》と、伊勢麻績君《いせのおみのきみ》の三人が同じ夢を見る。三人の夢には高貴な人物が現れ、大田田根子命を大物主大神を祀る祭主とし、市磯長尾市《いちしのながおち》を大和の大国魂の神を祀る祭主とすれば、必ず天下は泰平になると告げられる。

崇神天皇は、夢のお告げにいたく喜び、天下に布告を出して、大田田根子を見出そうとする。すると茅渟県《ちぬのあがた》の陶邑《すえのむら》（旧・和泉国大鳥《いずみのくにおおとり》郡陶器保《とうきほ》。現在の大阪府堺市中区陶器北地区一帯）にいることがわかり、召し出す。

十一月　崇神天皇は、大田田根子を大物主神を祀る祭主に任命。また、長尾市を、大和の大国魂の神を祀る祭主に任命する。さらに、天皇は、別に大和の八十万《やそよろず》の神々をお祀りし、皇室にまつわる神々の社、国つ神の神々の社を定め、社の費用を賄《まかな》う神田を定め、神田を耕して社に奉仕する家々を定めた。すると、疫病は終息し、国内の治安が回復し、五穀は豊穣となり、百姓も豊かになった。

私は、以上の経緯を、このように整理して考えたい。『日本書紀』崇神天皇条は、律令祭祀以前の祭祀に関わる伝えを集成していると思われ、それは天皇によるマツリ（祭り）とマツリゴト（政）と大和統治の「ことわり」「おきて」のようなものを提示しようとしているのではなかろうか。マツリとは祭祀のことであり、マツリゴトとは祭りを行なうための組織・体制づくりをいう。つまり、マツリゴトは、政治と、政治を行なうための組織と経済力のことをいう言葉と考えればわかりやすい。

マツリとマツリゴトと

では、崇神天皇がやったことはどんなことかといえば、一連の記事のなかで唯一、功を奏したのは、天皇が大物主神の啓示を夢のうちに受け、祭主となるべき大田田根子の存在を知って、大田田根子を見つけ出して、大物主神を祀らせたことだけなのである。つまり、崇神天皇の偉大さは、夢のお告げを正しく受け止めて、大田田根子による大物主神の祭祀を実行させた点にある、とみなくてはならないのである。

つまり、大和の国つ神の神々を代表するミモロの神、すなわち大三輪のカムナビの神である大物主神の意思を正しく受け止めて、大物主神を祀れと命令したことこそ、天皇のもっとも尊い行為であったのだと、『日本書紀』は主張しているのである。これは『日本書紀』が伝える、律令祭祀以前、仏教伝来以前の天皇の原像というべきものである。もちろん、史実ではないが、少なくとも八世紀の人びとは、かつての天皇はそういう偉業をなしたのだ、と信じていたはずである。

一方、崇神紀のこの伝えには、大和と関わりの深い大物主神を祀ることができるのは、子孫である大田田根子だけなのであり、正しい祭祀が行なわれることによってのみ、天下泰平が訪れるという明確な主張がある。

他方で、この話は、崇神朝に至って祭政分離が行なわれたのだとする伝えにもなっている(伝えであって、史実ではない)。このことにも、充分な注意を払わねばならない。つまり、天皇に求められたのは、夢告《むこく》を受け止めて、祭祀の指示をすることであって、実際に大物主神の祭祀をするのは、大物主神の子孫である大田田根子であるということを忘れてはならない。崇神紀は、天皇のマツリゴト（政）と、大田田根子のマツリ（祭り）に、越えてはならぬ「ことわり」のあることを示しているのである。こうして、マツリとマツリゴトとの関係が正された結果、安寧がもたらされたのだと崇神紀は主張しているのではないか。かくなる崇神天皇の偉業によってもたらされた天下泰平の後、天皇と臣下たちがあい和す宴が行なわれた、と『日本書紀』は記している。

天皇の力の源

ならば、ミモロの神とは、どんな神なのか。疫病を流行させ、人民を流浪させ、天皇を苦しめたあげく、夢のなかに登場して、自分を祀るように要求する、なんとも我がままな神ではないか。一種の脅迫ではないのか。ここで、ミモロの神たる大物主神が夢に現れるところをみてみよう。ここでは先に拙訳を示そう。

天皇は、そこで斎戒沐浴《さいかいもくよく》をして身を清め、宮殿の内も清めて、お祈りして、こうおっしゃった。「朕《ちん》の神祀りは、まだ神を敬うことが十分ではないのか――。どうして、これほどまでに意を尽くして神祀りをしているのに、わが真心をお認めいただけないのだろうか。ここにおいて願わくは、もう一度、夢のなかでご教示を賜《たまわ》り、神のみ恵みを十分に与えたまえ」と。その夜のこと、夢に一人の貴人が現れたのであった。そうして、御殿の戸に向かい立って、自ら大物主神であるぞよと名乗り、こう言ったのである。「天皇よ、もう愁えることなどない。国が治まらぬのは、我が意思によるものなのだ。もし、我が子である大田田根子をして私を祀ってくれるのならば、たちどころに天下泰平となるだろう。また海外の国々についても、自らわが国に従ってくるだろう」と。

（『日本書紀』崇神天皇七年二月条）

天皇は、これまでの自分の神祀りを反省し、斎戒沐浴して、神に対して教えを乞い、床についたのである。天皇の夢のなか、大物主神は人の姿となって御殿の戸に向かい立ち、この事態は自分の心であり、自分を祀れと言ったのであった。しかも、その祭祀を行なう人物までも指定するのである。書き下し文を示すと、

天皇《すめらみこと》、乃《すなは》ち沐浴斎戒《ゆかはあみものいみ》し、殿内《とののうち》を潔浄《きよ》めて祈《の》みて曰《のたま》はく、「朕《われ》、神を礼《ゐやま》ふこと尚《なほ》し未《いま》だ尽《つく》さざるか。何ぞ享《う》けたまはぬことの甚《はなはだ》しき。冀《ねが》はくは亦夢裏《またいめのうち》に教へて、神恩《かみのみうつくしび》を畢《を》へたまへ」とのたまふ。是《こ》の夜《よ》に、夢《みいめ》に一貴人《ひとりのうまひと》有り。殿戸《とのと》に対《むか》ひ立ち、自《みづか》ら大物《おほもの》

主神《ぬしのかみ》と称《なの》りて曰《のたま》はく、「天皇、復《また》な愁《うれ》へましそ。国の治《をさま》らざるは、是吾《これわ》が意《みこころ》なり。若《も》し吾《わ》が児《こ》大田田根子《おほたたねこ》を以《も》ちて吾《われ》を祭らしめたまはば、立《たちどころ》に平《たひら》ぎなむ。亦海外《またわたのほか》の国有りて、自《おの》づからに帰伏《まゐしたが》ひなむ」とのたまふ。

となろうか。まさに、天皇は教えを乞う立場だ。しかし、逆に考えれば、この条は、崇神天皇の偉大さを伝えているともいえる。つまり、大物主神の祭祀の要求を夢のなかでしっかりと受け止めることができたからこそ、国家存亡の危機から救われたのである。国つ神は、国家や人民に苦難をもたらすことで、存在感を示し、威圧して、祭祀を要求するのである。天皇に求められている力とは、その苦難をもたらす神が、いかなる神であり、その要求がいかなるものであるかを充分に察知する能力なのである（一つの霊的能力）。天皇は、それを知らんがために、斎戒沐浴して祈り、そして、床についたのであった。

　ということは、国つ神の要求を察知する能力のない天皇は、天皇としての力がないということだ。残酷にも、時には死が待っていた。詳しくは触れないが、『日本書紀』の記す仲哀《ちゅうあい》天皇の崩御の物語は、正しく神のお告げを受け止めることができず、神の言葉を疑い、神祀りをしなかったがために、その命が奪われたかのごとくに読めるように書かれている。神は、自分の言葉を信用するように忠告をしたのだが、天皇は、それに従わなかったとある。『日本書紀』は、崇神天皇をその成功例(察知力有り)として記し、仲哀天皇を失敗例(察知力無し)として、記しているのである。

天皇とミモロの神との関係

もう一つ、天皇とミモロの神の関係を考える上で、重要な伝えがある。『日本書紀』雄略天皇条である。雄略天皇は、国土統一の英雄であり、武断の大王として多くの逸話が伝えられている天皇である。ここでは訳文のみ示そう。

七年の秋七月の甲戌《こうしゅつ》朔《ついたち》の丙子《へいし》(三日)の時のことであった。雄略天皇は、少子部《ちいさこべの》連《むらじ》螺贏《すがる》に詔《みことのり》して、「朕はミモロの岳《おか》の神の姿を見たいと思う〔ある伝えによると、この山の神は大物主神であるという。またある伝えによれば、菟田《うだ》の墨坂神《すみさかのかみ》であるという〕。汝は腕力が人よりも勝っているというではないか。自分で行ってミモロの岳の神を捕らえて来い――」と仰せになった。螺贏は雄略天皇に答えて、「ためしに行って捕らえてまいります」と言上した。そうして、螺贏はミモロの岳に登り、大蛇を捕らえて雄略天皇にお見せ申し上げたのであった。天皇はこの時、斎戒をなさらなかった。すると、大蛇は、雷音を轟《とどろ》かせ、目を爛々《らんらん》と輝かせるではないか。天皇は恐れて、目を覆ってご覧にならず、殿舎に退《の》き隠れて、大蛇を岳に放させた。そうして、そこで蜾蠃に改めて名をお与えになって「雷《いかずち》」とした、という。

（雄略天皇七年七月条）

雄略天皇は、少子部連蜾蠃に対して、自分はミモロの神の姿を見たいと言うのである。ここには、注記がついていて、一説では大物主神といい、もう一説では墨坂の神と伝えている。この伝えには、その神について、異伝もあったようだ。「ミモロ」が三輪なら、当然、大物主神ということになる。

さて、蜾蠃が捕らえてきたのはなんと大蛇であった。天皇は、ミモロの神の姿を見たいと言ったのだから、当然、神とあい見《まみ》ゆるために、斎戒沐浴をして、身を清めるべきであった。ところがである。天皇は不遜《ふそん》にも、それをしなかった。すると雷が響きわたり、大蛇の目は光線を放ち出したのである。天皇は、その光線を見ることができずに、宮の建物のなかに逃げたという話になっている。天皇は、その大蛇を岳に放たせたのであった。つまり、天皇は、大蛇が大物主神であるとは、見抜けなかったのである（察知力無し）。

天皇の敗北

天皇は、ミモロの神に負けたのである。それも、無様な敗北だ。天皇は、その雷鳴にちなみ、少子部連蜾蠃に雷という名を与えたという話になっている。カミナリは、まさに神鳴りで、神の怒りの声であり、古代社会においては、たいへんに恐れられていた。奈良時代においては、雷鳴を聞けば、警護官にあたる職にある者たちは、宮中に急ぎ参内する決まりとなっていた。この決まりごとは、平安時代となると「雷鳴《らいめい》の陣《じん》」と呼ばれることになる。まず、神の姿を見たいと欲したことそのものが、不遜なことである。さらに、捕まえて来いと言うのも、これまた不遜。しかも、斎戒沐浴をしなかったというのだから、神の怒りを買うのも当然である。天皇の前に連行されたミモロの神すなわち大物主神は、なんと蛇体であった。天皇は、神の怒りの前に、なすすべなく逃げ出したのである。崇神天皇が、大物主神にとった態度とは、まさに正反対である。

天皇に献上された書物『日本書紀』に、なぜこのような話が収められているのであろうか。それは、失敗例としての意味があるのであろう。失敗の語りにも、大切な意味があるのだ。伝承というものは、基本的には、起源を語るものであり、説明するものである。つまり、なぜそうなっているのかということを説明する役割を持っている。この話では、たとえ天皇であったとしても、ミモロの神とあい見ゆる時には、身を清めるべきなのだということを伝えているのである。語りとしては、あの武力を誇った雄略天皇ですら、失敗したのだぞ、というように、一つの教訓譚《たん》として語られるのであろう。つまり、神に対しては、畏《おそ》れの感情を持って接しなくてはならないということを伝えているのである。

怒りっぽくて気まぐれな神

ミモロの神とされた大物主神は、偉大なるモノの神である。ここでいう「モノ」とは、物体と物体に具《そな》わる霊性の両方を指す言葉である。「ミモロ」が土地の神、なかんずく大和の土地の神々の代表と考えられていたからこそ、大物主神がミモロの神とされていたのであろう。そして、もう一つ忘れてはならないことがある。大物主神は、時に蛇体で人の前に姿を現すことのある神なのであった。

そのミモロの神は、天皇に対して、けっして従順ではないのだ。崇神天皇の条を見ても、緊張関係を見て取ることができる。それは、ミモロの神が、恐れ畏《かしこ》まる対象であったことを意味している。漢語でいえば、「畏怖」の感情だ。畏怖の感情というものは、緊張関係がなくては生まれてこない。相手は、祀り手がどんなに努力しても、よく祀ることが不可能なこともある神なのだ。怒りっぽくて、気まぐれで、制御できない神。だから、泣く子のお守りをするように、お守りをしなくてはならないのである（一七四頁）。

従来、三輪のミモロの神が崇《たた》りなすことについては、王朝の交替から説明されることが多かった。天皇家は、大和に外から入ってきた外来勢力であったから、土地の神々は容易に服従しないのだと説明されてきたのである。果たして、この説は正しいだろうか。私は、これは、問題の本質を逸した考え方だと思う。なぜならば、神話においては、従わない神も必ず必要とされるからである。むしろ、敵は、強ければ強いほどよいのだ。というのは、強い相手を倒した者は、さらに強いと考えられるからだ。

そして、時には、天皇の敗北の語りも必要なのである。

「ミモロ」への拝礼を強要された蝦夷たち

天皇がミモロの神を丁寧に祀り、神もそれを受け入れたもうた時に、大和の安寧、天下泰平はもたらされるのだという考え方がある。このミモロの岳に対して、東国から連行された蝦夷《えみし》たちが拝礼をしたという記事が、『日本書紀』の敏達《びだつ》天皇条にある。まず訳文を示そう。

十年の春閏《うるう》二月のこと、蝦夷数千人が（東北の）辺境の地に侵攻し反乱を起こした。このため、その魁帥《ひとごのかみ》（首領）たる綾糟《あやかす》らを大和に連行して、〔魁帥とは、ここでは大《おお》毛人《えみし》のことをいう〕詔を下して、「思うに、お前ら蝦夷は大足彦天皇《おおたらしひこのすめらみこと》（すなわち景行天皇）の御代に、殺すべき者は斬首に処し、許すべき者はすでに許しているはずである。今、朕は、その先例に従って、首謀者たる蝦夷の首領を誅殺《ちゅうさつ》しようと思う」と仰せられた。そこで綾糟らは、たいそう恐れ畏まって、すなわち泊瀬《はつせ》の川のなかに入ってミモロの岳（三輪山）に向かって、水をすすって誓いの言葉をこう述べた。「天皇の臣下となった私ども蝦夷は、これより後、子々孫々に至るまで〔古語においては、生児八十《うみのこのやそ》綿連《つづき》という〕、清明な真心を持って、宮廷にお仕え申し上げます。私どもが、もしこの誓いに背きました時は、天地の諸神および天皇の御霊《みたま》が、私ども蝦夷の子孫を絶滅させることでしょう〔私ども蝦夷は、無条件服従を誓います〕」と。

（敏達天皇十年閏二月条）

今となっては囚《とら》われの身となった蝦夷の首領を大和に連行し、朝廷に忠誠を誓わせる話である。書き下し文を示すと、

十年の春潤《のちの》二月に、蝦夷数千《ちあまり》、辺境《ほとり》に寇《あたな》ふ。是《これ》に由《よ》りて、其《そ》の魁帥《ひとごのかみ》綾糟等《ら》を召して、〔魁帥は大毛人《おほえみし》なり。〕詔《みことのり》して曰《のたま》はく、「惟《おもひみ》るに、儞《おれ》蝦夷は、大足彦天皇《おほたらしひこのすめらみこと》の世《みよ》に、殺すべきは斬《ころ》し、原《ゆる》すべきは赦《ゆる》す。今し朕《われ》、彼《そ》の前《さき》の例《あと》に遵《したが》ひて、元悪《もはらあしき》を誅《ころ》さむと欲《おも》

ふ」とのたまふ。是《ここ》に綾糟等、懼然恐懼《おぢかしこま》りて、乃《すなは》ち泊瀬《はつせ》の中流《かはなか》に下《おりゐ》て、三諸岳《みもろのをか》に面《むか》ひて、水を歃《すす》りて盟《ちか》ひて曰《まを》さく、「臣等《やつこら》蝦夷、今より以後《のち》、子子孫孫《うみのこのやそつき》、〔古語《ふること》に、生児八十《うみのこのやそ》綿連《つつき》と云《い》ふ。〕清明心《きよきあかきこころ》を用《も》ちて、天闕《みかど》に事《つか》へ奉《まつ》らむ。臣等、若《も》し盟《ちかひ》に違《たが》はば、天地《あめつち》の諸神《もろもろのかみ》と天皇《すめらみこと》の霊《みたま》、臣《やつこ》が種《つぎ》を絶滅《た》えむ」とまをす。

となる。敏達天皇は、反乱を起こした蝦夷らを大和に連行して、斬殺せよと命ずる。恐れ慄《おのの》いた蝦夷の首領綾糟は、三輪山を流れる泊瀬川のなかに入って、ミモロの岳に向かい、水をすすって、天皇にこれからは服従し、反乱を起こさないと誓うのであった。川のなかに入って水をすするのは、禊《みそぎ》であり、神とあい見ゆるための作法である。それは、神への畏怖の気持ちを表す行為でもあった。

天地の諸神と天皇の霊、臣が種を絶滅えむ

さて、この誓いの言葉のなかで重要な箇所は、「天地の諸神と天皇の霊、臣が種を絶滅《た》えむ」という一節であろう。斎戒沐浴の後に、ミモロの岳に拝礼して、誓いの言葉を述べるのだが、これは元来、天皇に対して誓われるべき誓いの言葉のはずである。それが、ミモロの岳になされるのは、なぜなのだろうか。また、その際に、もし約束を違《たが》えた場合、天地の諸

神と天皇の霊が、自分たちの子孫を根絶やしにするというのも、辻褄の合わない話ではないか。

私は、こう考える。「ミモロ」は、大和の国つ神の代表だから、天地の諸神を代表する神といえよう。しかも、祟り、荒ぶる心を持つ神なのだ。国の安寧のために、天皇は、そのミモロの神の心を常に慮《おもんぱか》りながら、大切にお祀りをしているのである。偉大なる天皇が祀る、偉大なるミモロの神に対して、この誓いの言葉は述べられているとみなくてはならないのである。

そうであればこそ、誓いの言葉に、天地の諸神と天皇の霊が並べられているのだ。大物主神は、国を滅ぼすほどの祟りをなす神であった。それを祀ることこそが、天皇のマツリとマツリゴトの本願とするところなのである。だから、「ミモロ」を拝礼することは、天皇に対して敬意の念を表すことに繋がってゆく、とみなくてはならないのである。

額田王が近江に下向する時の歌

明日香や藤原で生活していた人びとは、円錐型の三輪山を東に望んで生活をしていた人びとであった。その三輪のミモロ、カムナビを、額田王《ぬかたのおおきみ》が、奈良盆地の北辺の遥か奈良山から歌っている歌がある。題詞によれば、近江に下向する時に歌われた歌だという。だとすれば、一時的な別れであるにせよ、永遠の別れであるにせよ、大和を去るにあたって歌われた歌ということになる。

額田王、近江国《あふみのくに》に下《くだ》る時に作る歌、井戸王《ゐのへのおほきみ》の即《すなは》ち和《こた》ふる歌

味酒《うまさけ》　三輪の山　あをによし　奈良の山の　山の際《ま》に　い隠《かく》るまで　道の隈《くま》　い積《つ》もるまでに　つばらにも　見つつ行《ゆ》かむを　しばしばも　見放《みさ》けむ山を　心なく　雲の　隠さふべしや

反　歌

三輪山を　然《しか》も隠すか　雲だにも　心あらなも　隠さふべしや

右の二首の歌は、山上憶良大夫《やまのうへのおくらだいぶ》の類聚歌林《るいじうかりん》に曰《いは》く、「都を近江国に遷《うつ》す時に、三輪山を御覧《みそこなは》す御歌《みうた》なり」といふ。日本書紀に曰く、「六年丙寅《へいいん》の春三月、辛酉《しんいう》の朔《つきたち》の己卯《きばう》に、都を近江に遷す」といふ。

[和ふる歌省略]　（巻一の一七、一八）

まさに、故郷を離れる人びとの心情を読み取ることのできる歌である。万葉ファンなら、一度は読んだことのある歌だろう。多くの名訳があるにもかかわらず、拙訳を示すのはおこがましいが、訳すと、

額田王が近江国に下った時に作った歌、そして井戸王がすぐに唱和した歌
うまい酒といえば三輪 その三輪山を 青土がよいという 奈良の山の 山の向こうに隠れゆくまでに 道の曲がり角の 見えなくなるまでに 幾重にも幾重にも重なってゆくまでに 思う存分に 見続けながら旅立ってゆきたいのに―― 幾たびも幾たびも眺めてゆきたい山だのに…… つれなくも その三輪山を雲が 隠してよいものか(そんなことが許されてたまるものか――)

反 歌
三輪山を そんなにも隠してよいことか せめてせめて雲だけでも わが思いを察してほしい 隠してよいものか(私はいつまでも見ていたいのだ――)

右の二首の歌については、山上憶良大夫の『類聚歌林』に、「近江国に遷都した時に、三輪山をご覧になって天智天皇がお作りになったお歌である」と記されている。

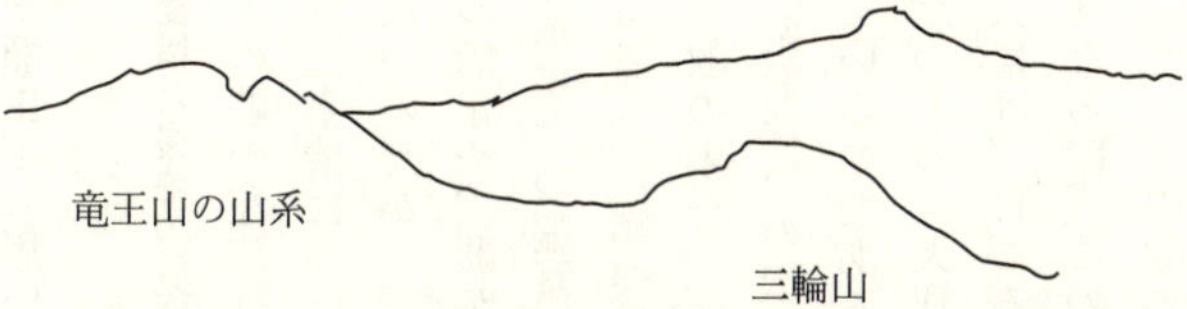

図19　奈良山から見た三輪山の稜線　奈良山および奈良山丘陵から見るとだいたい上図のように見える。著者の勤務先の奈良大学は奈良山丘陵の一角にあり、朝夕これを望むことができる。経験的にいえば、曇ると見えなくなるが、逆に晴天でも見難い。背後の多武峰の緑と三輪山の緑が重なってしまうからだ。したがって、若干の靄や霞があった方が、多武峰とのコントラストがついて見えやすい

『日本書紀』には、「天智天皇の六年三月十九日、近江に遷都した」と記されている。

［和ふる歌省略］

となろうか。奈良山から見る三輪山は、遥か南に望むことができる小さな山だ。しかも、竜王山などの山影に隠れ、その全体が見えるわけでもない。山並みの一つで、よほど注意深く見なくては、あれが三輪山だと気づくことはない。だから、わざわざ奈良山に登って三輪山を見ようとする人などいない。いるとすれば、『万葉集』の愛好家だけだ。

第一、曇ってしまえば、三輪山を望むことなどできなくなってしまう。ところが、道の曲がり角ごとに、幾たびも振り返って、額田王は、三輪山を見ようとしているのである。そして、その見たいという気持ちを、雲よどいてほしいと不躾《ぶしつけ》にも表現しているのである。しょせん、

雲が額田王の思いを聞き届けてくれることなどあるはずもなかろうに。

愛惜と畏怖の気持ちがあればこそ

この歌の左注は、山上憶良の『類聚歌林』という書物と『日本書紀』を引用して、歌が歌われた事情について、編纂者の考えを述べている。『類聚歌林』は、今日、残念ながら現存しないのだが、『万葉集』の編纂者がたびたび引用している書物である。そのなかには、作者の情報や、歌が歌われた由来を記す部分もあったようだ。『類聚歌林』の伝えのなかには、『万葉集』の編纂にあたって中心的に用いられていた資料と異なる伝えもあった。その場合、編纂者は、『類聚歌林』をみますと、別の伝えもあるのですよ、と引き合いに出すのである。この歌の場合、天智天皇が都を近江に遷した時に作った歌との伝えもあったようだ。この『類聚歌林』の伝えを確認せんがために、編纂者は『日本書紀』を引用して、年月日を確認しているのである。『類聚歌林』の伝えを信じれば、当該歌は額田王の作ではなく、遷都にあたっての、天智天皇御製歌《ぎょせいか》ということになる。

天皇は、日ごろ見ていた三輪山とも今日でしばしのお別れなのか、と思ったことであろう。なぜならば、この奈良山を越えてしまうと、もう三輪山を見ることはできなくなってしまうからだ。この歌の作者については、額田王の代作説もあって、にわかに断ずることはできないのだが、旅の理由が何であれ、作者が誰であれ、奈良山を越えて大和から山背《やましろ》に入るにあたり、三輪山を目に焼き付けておきたいとする感情が、作者の心に湧き起こったということだけは、動かない。

なぜ、作者は、繰り返し繰り返し、三輪山を見たいと歌ったのだろうか？　私は、故郷の山たる三輪山への愛惜の念と、三輪山に対する畏怖の念があったからだろう、と信じる。

緊張関係があるゆえに畏怖されたミモロの神。そして、畏怖の裏側にある愛惜の情。それは、二つにして一つ、一つにして二つというべきものかもしれない。

第八章　人と天皇と神と

私が、前章において述べたかったことは、次の四点に集約することができる。

〈人〉〈天皇〉〈神〉

①『日本書紀』崇神天皇条の祭祀関係記事をみると、大三輪のカムナビ、すなわちミモロの神たる大物主神と、天皇との緊張感ある関係を読み取ることができる。カムナビ、ミモロの神の祭祀が不首尾となれば、時として国家存亡の危機をもたらすことがあったのだという伝えとなっているのである。ミモロの神が、天皇を窮地に陥れた伝えとしては、雄略天皇の少子部連《ちいさこべのむらじ》蜾蠃《すがる》の話も、同様と考えてよい。

②「カムナビ」「ミモロ」は、国つ神の代表であり、その神々の心を察知する能力こそ、

天皇の力の根源となるものであった。したがって、その察知力が天皇に欠如している場合は、国家存亡の危機に陥るのだ、と『日本書紀』は伝えているのである。

③ 東北地方において反乱を起こした蝦夷たちが、ミモロの岳に対して拝礼させられたのは、天地の諸神すなわち国つ神の代表がミモロの岳の神であり、その拝礼が、ミモロの神を祀る天皇への敬意を表すものであったからである。たとえ、天皇であったとしても、畏怖する気持ちを忘れずに、ミモロの神と接する必要があるということを、『日本書紀』は伝えているのである。

④ 額田王が近江に下向する時の歌は、三輪山を見て大和を去りたいという心情を表現した歌である。奈良山からは容易に眺めることもかなわない三輪山を見たいと執拗なまでに歌うのは、そこに故郷の山に対する限りない愛惜の情があるからだ、と思われる。したがって、「ミモロ」「カムナビ」に対して万葉びとが持った畏怖の心と愛惜の情は、表裏一体になっていた、と考えるべきである。

第六章と第七章において、私は、人と「ミモロ」「カムナビ」との関係、「ミモロ」「カムナビ」と天皇との関係について、自説を縷々述べてきた。そこから浮かび上がってきたのは、畏怖と愛惜という、一見矛盾するように見えて、表裏一体の関係となっている複雑なる感情なのであった。
ならば、〈人〉と〈天皇〉と〈神〉との関係を、七世紀から八世紀を生きた万葉びとたちは、どのように認識していたのか、整理しておく必要があるだろう。なお、本章では、「人」と「人間」とは、文脈によって使い分けるが、同じ意味で用いることにする。

人は「うつせみ」である

じつは、人の存在が思考の対象となるのは、多くの場合、神との対比を通じてである（人間の対象化）。逆に、神の存在が思考の対象となるのは、多くの場合、人を通じてである（神の対象化）。だとすれば、神と人とは、どのように対比されて、違いが認識されていたのか、考えておく必要があるだろう。私はまず、その考察の手掛かりを、『万葉集』の挽歌、それも天智天皇の挽歌に求めたい、と思う。手掛かりとするのは、天智天皇の死に際し、天皇の近くに侍していた「婦人《おみなめ》」という官名の職にあった女官が歌った歌である。

天皇の崩《かむあが》りましし時に、婦人《をみなめ》の作る歌一首〔姓氏未詳〕
うつせみし　神に堪《あ》へねば　離《はな》れ居て　朝嘆く君　離《さか》り居て　我《あ》が恋ふる君　玉ならば
手に巻き持ちて　衣《きぬ》ならば　脱く時もなく　我が恋ふる　君そ昨夜《きぞのよ》　夢《いめ》に見えつる

（巻二の一五〇）

夢から覚めて、自らの思いを寄せる人が、もうこの世にはいないということを知った時の苦しさを訴えた歌である。訳すと、

天皇が崩御なさった時に、婦人が作った歌一首［姓氏は未詳である］
現実世界を生きる人間は　神の力に抗《あらが》うことなどできぬものなの　だからね　遠く離れていて　めざめた朝　私がその死を嘆くあなたよ——　だからね　遠く離れていて　私が恋しく思いつづけるあなたよ——　もし　あなたが　玉であるなら　手に巻いていつもいっしょにいたい　もし　あなたが　衣ならば　脱ぐ時もなくいつもいっしょにいたい　私が恋しく思うそのあなたが昨日の夜……　夢に見えた（でも、めざめた朝、あなたはいなかった）

となろうか。あなたが玉であるなら手に巻いて離すことなく、あなたが衣であるならば脱ぐ時もなく、それほどにいっしょにいたい……とは、なんと艶《つや》めかしい歌であることか。挽歌であると知らなければ、恋歌として読んでしまうに違いない。じつは、初期の挽歌というも

のは、恋歌の表現とほとんど差のないものなのであり、死せる妻への、死せる夫への恋歌といってもよいのである。こういった歌が、天智天皇の崩御に際して歌われたということは、婦人との間には、なんらかの恋愛関係があったことを思わせる。もちろん、肉体関係も含めて。というより、そう読み手が推定するように、この挽歌は作られているのである（拙著『万葉挽歌のこころ―夢と死の古代学―』）。

その冒頭には、神と人との越えることのできない「ことわり」のごときものが記されているのである。

「うつせみし　神に堪へねば」とは、「現実世界に存在する人というものは、神とは争えない」と解釈すべきところ。「うつせみ」とは、現実世界に生きて存在する人を示す言葉で、さらには人間の生きている世界そのものをいう言葉であった。「現世」「現実」と訳されることがあるのも、そのためだ。ちなみに、「うつせみし」の「し」は、特定の語句を指示する助詞で、この場合「うつせみ」という語句を指示して、「うつせみ」すなわち「現実を生きる人というものは」というくらいの意味を導き出すいい方である。

では、「うつせみ」という言葉の語源は、いったいどこにあるのだろうか。今日、多数派学説となっているのは、奥村紀一学説である。奥村は、『古事記』の一言主之大神《ひとことぬしのおおかみ》と雄略天皇が葛城山《かつらぎさん》（現在の奈良県御所市）で出会う部分に、「宇都志意美《うつしおみ》」とあるのに注目し、神に対して人が意識された時に、「うつしおみ（臣）」という言い方がなされ、人を神の臣下とする考え方が古代には存在していたとしている（奥村紀一「「うつせみ」の原義」）。私も、この学説こそ、もっとも合理性の高い学説である、と現在は考えている。

ふたたび雄略天皇の敗北

そこで、『古事記』の雄略天皇条をみてみよう。ここは訳のみを示しておきたい。

またある時、天皇は葛城山に登りに行幸《ぎょうこう》されたのだが、この時百官の役人たちはみな紅の紐を付けられた青摺《あおずり》の衣を下賜されて着ていた。

その時のことである。かの葛城山の向かいにある山の尾根から、山上へ登る人びとがいた。まったくもって天皇の行幸の行列と同じで、また人びとの装いや人数もよく似ていて、区別が難しいほどだった。そこで、天皇はこれを望んで、こう尋ねさせたのである。「この倭《やまと》の国に、私を除いて二人と王はいないはずなのに、今だれがこのように装って行列を作って行くのか」と。すると、ただちに向こうの方から答えて言う言葉のさまもまた、天皇のお言葉のようだった。ここに、天皇は大いに怒り、矢を弓につがえ、百官の役人たちもみな矢をつがえた。するとまた、向こうの一団も同じくみな矢をつがえて構えた。そこで、天皇はまた尋ねて、「そちらの名を名乗れ。そうしてから、互いに名を名乗って、矢を放とう」と言った。これに対し、一団は答えて、「私が先に問われた。だから、まず私から名乗ろう。我こそは、悪い事でも一言、善い事でも一言、憚《はばか》りなく言い放つ神、葛城之一言主之大神であるぞよ」と言った。天皇はこれを聞き、恐れ畏まって、「恐れ多いことでございます。わが大神さま。私は現《うつ》し臣《おみ》の人間でありますので……あなたさまが神であるとは悟ることができませんでした」と言上して、大《おお》御刀《みたち》と弓矢をはじめとして、百官の役人たちが着ていた衣服を脱がせて、拝礼して（大神に）献上した。すると、その一言主之大神は喜んで手を打って、その貢物を受け取った。そこで、天皇が葛城山からお帰りになる時、大神は山の峰を見送りの行列で溢《あふ》れさせ、長谷《はつせ》の山の口までお送り申し上げたのであった。かくなるわけで、この一言主之大神は雄略天皇の狩りの行幸の折に、人間の世界に身をお顕《あらわ》しになったのであった。

（傍線は引用者）

雄略天皇は、武の王であって、その性格は粗野にして直情径行だが、一方、天衣無縫の偉大な心を持つ天皇として、『古事記』『日本書紀』『日本霊異記《にほんりょういき》』などに、多くの逸話を残す天皇である。逸話というよりも、伝承のなかで語り継がれた武の天皇像という方が実態に近いかもしれない。

狩りに出た雄略天皇は、自分と同じ装束をつけた一団を無礼だと怒ったのであった。それは、天皇と同じ装束を着用したり、天皇と同規模の宮殿を造ったりすることは、古代社会においては不敬とみなされていたからである。そこで、天皇は、相手の一団を討つように命じたのであるが、なんとそれが葛城之一言主之大神の一団であったことが、判明したのであった。

雄略天皇の恐れ畏み

天皇は恐れ畏まって、自分の臣下に武装解除を命じ、さらには衣服までも脱がせて、一言主之大神に献上したという話になっている。その時の言葉が、「恐《かしこ》し、我が大神。うつしおみ（現し臣）に有れば、覚《さと》らず」という言葉なのである。「私は、神ならぬ人の身でございます。したがいまして、あなた方ご一行さまが、一言主之大神であるとは、わからなかったのでございます。ご無礼をお許し下さい。大御刀も弓矢も衣服もすべて献上いたします」と言い、それを雄略天皇が献上すると、一言主之大神は手を打って、貢物を受納した、という話になっている。ここで、大神が手を打ったのは、貢物の献上でお詫《わ》びを受け入れたことを表現しているのである。

雄略天皇は、大三輪のカムナビだけでなく（一八三〜一八四頁）、葛城のカムナビにおいても、国つ神に敗北したのであった。この話からわかることは、たとえ天皇といえども、人間である限り、神の臣下であり、神と争うことなどできやしないということである。この点について、奥村は、

このように、「現《うつ》し臣《おみ》」は、古代人が自己の位相を神と対比して認識した原初的人間規定であると思われ、その原義からして、「神は云々、一方人間は云々」と言うような場合に、「人間」に代って「現し臣は」と用いられるのが正当な用法である。

（「「うつせみ」の原義」）

と述べている。人は、神の臣下なのだ。奥村のいう「原初的人間規定」とは、本書のいう人の人たるものの認識であって、わかりやすくいうと、神と決定的に違う点をいうのである。

神の臣下としての人間

「うつせみ」の語源が「現し臣」にあるとするならば、神と人との関係は、君と臣との関係と等しく、人は神に抗うことはできないとする考え方が、古代社会には存在していたことに

なる。

そこで『万葉集』の用例をあらためてみてみると、その多くは現実世界に生きている人間の意味であり、「うつせみの」のかたちで「世」に掛かる枕詞として使用されていることに気づく。対して、先ほど示した一五〇番歌では、「現し臣」の原義で使用されているのである（一九九頁）。これは、人間の命というものは、神ならぬ人間には、どうすることもできないものなのだという定めを知った人の言葉なのではないか。しょせん、人は神の臣下なのだ。争うことなど、できるはずもない。

どんなに医学が発展しても、死を留めることなどできやしない。まして、生者が死者に対してできることなどない。だから、生きている者は、嘆きそして恋しく思うことしかできないのだ、というのである。作者の婦人は、夢で束《つか》の間の逢瀬《おうせ》を楽しんだ後、夢から覚めた悲しさを、こう表現したのであった。

今日、われわれは漢訳された仏典用語の「無常」という言葉で、死というものが不可避な存在であることを理解しているが、「無常」をヤマト歌の言葉で表現すると、「うつせみなる我」とでもいうことになろうか。

うつそみの人なる我や

生者が死者に対してできることなど、何もない。できることがあるとすれば、死者を一方的に思い続けることだけだという考え方は、次の歌からも読み取ることができる。

大津皇子《おほつのみこ》の屍《かばね》を葛城の二上山《ふたがみやま》に移し葬《はぶ》る時に、大伯皇女《おほくのひめみこ》の哀傷して作らす歌二首

うつそみの　人なる我《あれ》や　明日よりは　二上山を　弟《いろせ》と我《あ》が見む　(巻二の一六五)

[第二首、左注省略]

政争のなかで、死に追いやられた弟の大津皇子を思いつつ歌った大伯皇女の歌。「うつそみの　人なる我や」の訳は苦労したところである。以下、訳を示すと、

大津皇子の屍を葛城の二上山に移して葬礼を行なった時に、大伯皇女が悲しんでお作りになった歌二首

この現実世界に生きる　人たるわたしは……　明日からは　二上山を　弟として眺めよう(わたしには、それしかできることはないのだ)

[第二首、左注省略]

となろうか。死せる弟に対して、姉としてできることなど何もない。私にできることは、弟の墓のある二上山を見て、弟を偲んでゆくことだけ――。これも、真に「無常」ということを知った人の言葉ではないのか。

人はうつせみであって、神ではないのだ。

『古事記』『日本書紀』の神話における人と天皇

人が神の臣下であるというなら、天皇と人との関係は、いかなるものと考えればよいのだろうか。よくいわれるのは、天皇には、神意を受けて始祖が降臨したとする神話が存在するという指摘である。いわゆる天孫降臨神話である。この神話の特質は、いったいどこにあるかといえば、天孫のみが降臨し、他の氏族の人間はその降臨した天孫を迎えた者として位置づけられていることだ。そして、迎えた者には、歓迎した者だけでなく、抵抗した者もいたという話になっている。では、天孫と天孫を迎え入れる側は、何によって結びついていったかといえば、それは婚姻である。

天皇と各氏族の結合・連帯は、結婚を通してなされてきた歴史があり、『古事記』『日本書紀』の神話とは、結婚――結婚といっても神話における聖なる結婚といった方がよいかもしれないが——によって天孫と各氏族の始祖が、いかに結びついているのかということを語るものなのである。天孫との結婚の伝えは、各氏族が古代社会に存在している意義に関わるものであるから、各氏族の側では、いかに自らの氏が由緒ある氏なのかということを強調して語る傾向が強くなるのは、至極当然であった。だから、伝えを自らに有利にせんがために、内容の変更がなされる例も跡を絶たなかったようである。このあたりの事情については、『古事記』の序文が、つぶさに語っているところだ。

『古事記』『日本書紀』の神話は、どうして、何ゆえに、天皇がこの国を統治するのか、そして天皇と他の氏族の人間とは何が違うのかということを説明する役割を荷なっている。前述したように、天皇はあくまでも神ではなく人の側に属する存在なのだが、天孫降臨神話には、天皇の寿命について語る部分もある。以下、『古事記』によって、天孫降臨神話のあらすじを記すが、天孫の結婚と天孫の寿命について語られているところに注意を払って、読んでいただきたいと思う。

天から降臨した、天津日高日子番能邇々芸能命《あまつひたかひこほのににぎのみこと》は、笠沙《かささ》の岬というところで、美しい娘に出逢った。命が、「お前は誰の娘なのか」と尋ねると、「私は、大山津見神《おおやまつみのかみ》の娘で、名は木花之佐久夜毘売《このはなのさくやびめ》と申します」と答えたのであった。すると命は、「お前には、兄弟がいるのか」と尋ねた。木花之佐久夜毘売は「私には、姉に石長比売《いわながひめ》という者がおります」と答えた。

そこで、命は「あなたと結婚しよう」と木花之佐久夜毘売に言った。木花之佐久夜毘売は「父の大山津見神に意見を聞きましょう」と言った。話を聞いた大山津見神は、大いに喜んで、その姉である石長比売とともに、たくさんの貢物を持たせて姉妹を献上した。ところが、石長比売はたいそう醜かったので、命は見て恐れをなして送り返してしまい、木花之佐久夜毘売だけと結婚し、初夜のちぎりを交わした。

以下、訳文のみを示すことにする。

このようになったことに対し、大山津見神は、石長比売を返されてきたことを大いに恥じ、命に申し送って、「わが娘を二人とも献上したわけは、石長比売と結婚なされば、天つ神である御子《みこ》すなわちご歴代の皇孫たちのご寿命は、雪が降り風が吹きましても、常に岩のごとくに、いつまでもいつまでも堅く動かずにいらっしゃることでしょう。また、木花之佐久夜毘売と結婚なされば、ご歴代の皇孫たちは、木の花が咲くようにずっとずっとお栄えになるだろうとうけい（神意を探る方法のひとつ。あらかじめ定められた運だめしが成功するか、しないかで、神意をはかる方法）を申し上げて、二人を献上したのです。かくのごとくに、石長比売を帰らせまして、ひとり木花之佐久夜毘売だけをお留めになりますと、天つ神である御子たちのご寿命は、木の花のごとくに短きものとなってしまうのでございます」と言上した。このために、今に至るまで天皇たちのご寿命は長くはないのです。

（『古事記』上巻）

天から降臨した天津日高日子番能邇々芸能命《あまつひたかひこほのににぎのみこと》が、何のことわりもなく、いきなり結婚するくだりは、今日のわれわれの感覚からすれば、奇異にも感じられるし、あまりにも唐突だ。しかし、私は、天孫と天孫を迎えた側の結びつきを、ここでは婚姻で語ろうとしているわけだから、何の前置きも必要ない、と考えている。それを、奇異に感じたとしたら、それは語りの力点を、われわれの方が誤認しているに過ぎないのである。だから、唐突に声をかけ、突然に結婚しても、神話の語りとしては、なんらの不都合もないのである。

果たして天皇の寿命は短いのか

天孫降臨の神話では、木花之佐久夜毘売だけを召し入れ、石長比売を帰したために、歴代の天皇の御代は栄えるが、その寿命は長くはないのであると説明されている。ところが、『古事記』『日本書紀』の天皇の崩御年すなわち宝算《ほうさん》は、『古事記』の伝える崇神天皇の百六十八歳をはじめとして、百歳を超えることも多い。これをどう考えるかは、多くの研究者が頭を抱えている点だ。

これについては従来から、中国の革命思想の影響を受けて、著しい年齢の操作が行なわれているると指摘されている。これは、特定の干支《えと》の年に、社会の大変革が起こるとする、革命思想といわれる歴史観、未来観に基づく年齢の操作である。私は、中国の革命思想の影響を受けて、年代の辻褄を合わせんがための操作があることについては、けっして否定しないが、天孫降臨神話の語りの主眼は、別のところにあると考えている。

私の考えは、こうだ。岩に対して花で、寿命の長短を比較するわけであるから、岩の永遠性と花の刹那《せつな》性が対比されているはずである。だとすれば、天皇のご寿命は長くはないといっても、語りの主眼は、無限か有限かというところにある、と考えなくてはならないのである。その程度に考えておけばよいことだ、と思う。むしろ、語りの力点は、ほんとうは天皇のご寿命は無限ないし無限に近いものであるはずだったのだが、有限になってしまったのだという点にあるのである。

人はなぜ死に、なぜ生まれるのか

これに対して、天皇以外の人間の寿命が有限であることを説明する神話もある。『古事記』『日本書紀』の黄泉《よみ》行《こう》神話には、人がなぜ死に、なぜ生まれるのかを、説明する伝承があるのである。火の神を生んだことによって死者の国である黄泉国《よもつくに》に赴かなければならなくなった伊耶那美命《いざなみのみこと》と、突然にその最愛の妻を失った夫・伊耶那岐命《いざなきのみこと》の話である。伊耶那岐命は、黄泉国に赴き、妻を奪還しようとするのだが、私の姿を見ないで下さいね、という妻の言葉に従わず、妻の死体を見てしまう。それがために、伊耶那美命と対立し、ついに夫妻関係は破綻をしてしまうのであった。『古事記』は、二神が絶縁をするところを、こう記している。訳文のみを示しておこう。

最後になると、その妻の伊耶那美命自身が追いかけてきた。そこで、伊耶那岐命は千人力がなくては動かない巨大な岩を引っぱってきて、その黄泉《よもつ》ひら坂を塞《ふさ》いで、その岩をはさみ、互いに向かい合って絶縁の言葉をかけあった時に、伊耶那美命は「愛おしいわが夫の命よ。汝がかくなることをなさば、我は汝の住む国の人間を、一日に千人首を絞め殺すこととなろうぞ」と言った。この言葉に対して伊耶那岐命は、「愛おしいわが妻の命よ。汝がかくなることをなさば、我は一日に千五百の産屋《うぶや》を建てようぞ」とおっしゃった。こういうわけで、この世においては一日に必ず千人死に、一日に千五百人生まれることになったのである。それゆえに、その伊耶那美命を名付けて黄泉津大神《よもつおおかみ》というのである。また、伊耶那岐命に追いついたことによって道敷大神《ちしきのおおかみ》と名付けるともいうのである。また、その黄泉国の坂を塞いだ岩は、道返之大神《ちがえしのおおかみ》と名付け、塞ぎたまうところの黄泉戸大神《よもつとのおおかみ》ともいうのである。なお、上に述べた黄泉ひら坂は、現在の出雲国の伊《い》賦夜坂《ふやさか》といわれている。

（『古事記』上巻）

つまり、この神話は、伊耶那美命と伊耶那岐命の二神の、いわば仲違いが決定的な理由となって、人間世界に死というものがもたらされたという話となっているのである。伊耶那美命によって人の命が奪われ、人間世界に死というものが存在するようになった。ために、一日に千人が死ぬようになった。ところが、対抗策として、伊耶那岐命は、一日に千五百の産屋を建てることにしたという話となっている。産屋とは、出産のたびごとに新たに建てられる仮小屋のことで、その建てた数がそのまま出生数になるのである。

生と死、生物と無生物、天皇と神

すなわち、伊耶那美命と伊耶那岐命が絶縁することによって、人の命は有限のものとなったのである。だから、死者の国である黄泉国を訪問することはできても、死そのものを避けることはできないという話となっているのである。ここで、想起したいことがある。生物と無生物の垣根は、きわめて低いということである（二二頁）。しかし、生と死の壁は高く、乗り越えられないのである。これが、『古事記』『日本書紀』の神話から読み取ることのできる、生死に関わる「古代思考」なのである。そこで、再び天孫降臨神話のことを想起したい。天皇と天皇以外の人間の寿命というものは、ともに有限という点では同じである。しかし、有限ということは同じであったとしても、それぞれ別の神話において、別の理由で説明されているのである。この違いは、神話上の天皇と天皇以外の人間の位置づけが異なることを表している。天皇の場合は、石長比売を娶《めと》らなかったがゆえに。天皇以外の人間の場合は、伊耶那美命が人を殺すがゆえに、寿命というものが有限になったというのである。

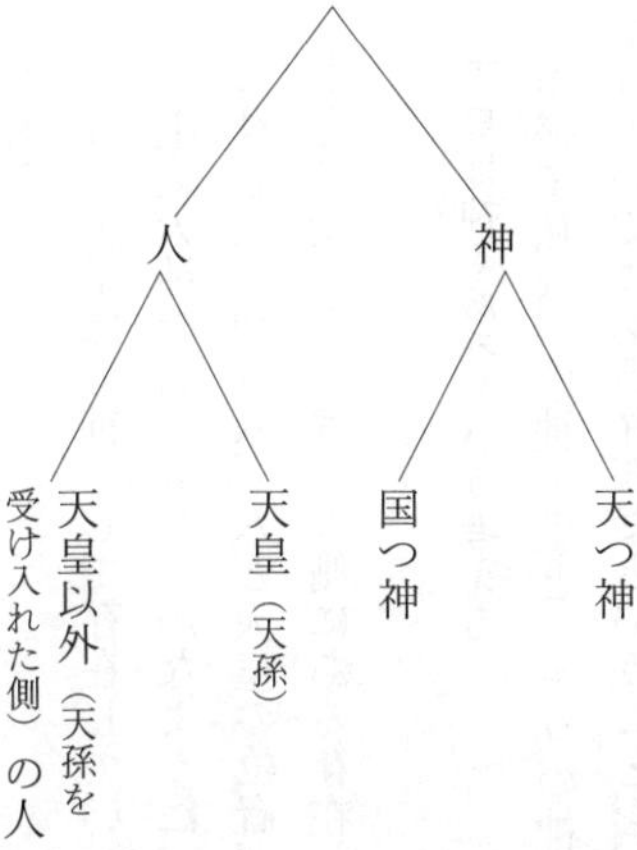

図20　『古事記』『日本書紀』の神話における神・人・天皇の位置づけ

　天孫のみが降臨し、他の氏族の人間は降臨した天孫を受け入れたのだという神話上の位置づけがあり、ともに寿命というものは有限ではあるのだが、有限の理由が別の神話で語られていることに意味があるのであろう。つまり、天皇とそれ以外の人間とでは、神話的位置づけが、根本的に異なるのである。

では、天皇は、神として存在していたのかというと、そうではない。雄略天皇の葛城山の一言主之大神の話でも明らかなように、天皇も「現し臣」であり、神の臣下なのであった。

この神話上の神と人、人と天皇の位置づけを図示すると、前頁のようになる（図20）。

あくまで、天皇は人の側にある存在なのである。

天皇は神であるという考え方

本書で私は、崇神天皇とミモロの神との関係（一七五～一七八頁）等々の例を挙げて、天皇は人の側にある存在だということを、繰り返し強調してきた。しかし、古代学に造詣《ぞうけい》の深い読者なら、古代の日本においては、天皇を神とする考え方も存在したのではないか、と指摘される方も多かろう。たしかに、天皇を神とする考え方が存在していたことも事実である。

したがって、以下、天皇を神とする考え方について検討してみよう。

まず、法的位置づけからみてみたい。たしかに、律令という古代法典において、天皇は「アキツミカミ」すなわち現実に姿を現している神として、位置づけられている。

詳しくみると、「アキツミカミ」は、律令法に定められた天皇を讃辞する修飾句の一つである、ということができる。養老《ようろう》の「公式令《くうじきりょう》」の詔書式《じょうしょしき》には、皇后の立后《りっこう》式典、皇太子の立太子式典、元日朝賀の式典等の古代国家におけるもっとも枢要な儀式において発せられる詔書の形式例が示されているが、そのなかに「明神御大八州天皇詔旨云云。咸聞」とあり、

明神《あらみかみ》と御大八州《おほやしまのくに》しらす天皇《すべら》が詔旨《おほむごと》らまと云云《そのことそのこと》。咸《ことごと》くに聞きたまへ。

（井上光貞ほか校注『律令（日本思想大系）』岩波書店、一九八一年、初版一九七六年）

と書き下すことができる。このように、天皇のお言葉である詔書に関する細かな書式が定められているのである。おそらくこの条項は、遡《さかのぼ》って飛鳥浄御原宮《あすかきよみはらのみや》令、大宝令にもあったとみえて、『日本書紀』が収載する、天武天皇十二年（六八三）正月十八日の詔には、

丙午《へいご》に、詔《みことのり》して曰《のたま》はく、「明神御大八洲倭根子天皇《あきつみかみとおほやしましらすやまとねこのすめらみこと》の勅命《おほみことのり》をば、諸《もろもろ》の国《くにの》司《みこともち》・国造《くにのみやつこ》・郡司《こほりのみやつこ》と百姓《おほみたから》等《ども》、諸《もろとも》に聴くべし。……」

（天武天皇［下］十二年正月条）

とあって、天皇の勅命について、地方の役人はよく承るようにと述べられている。

丙午（十八日）に、詔を出して、「明神御大八洲倭根子天皇の勅命をば、諸々の国司・国造・郡司及び人民たちは、みなよく聴くべきである。……」（拙訳）

以下には詔の内容が書かれている。ここにある「明神」は、「現神」とともに「アキツミカミ」と訓み、現実に神が現世に姿を現したことをいう言葉とみてよい。しかし、天皇を「アキツミカミ」と称するのは、国家的な儀式においてのみなのである。だから、法律によってわざわざ使用法を制限しているのである。

大君は神にしませば

次に、万葉歌の例でみてみよう。『万葉集』には、「大君は　神にしませば」という句ではじまる歌が六例あり、それは、「大君は神さまでいらっしゃるので」と訳さざるを得ない句である。この句を含む万葉歌を抜き出してみよう。

1　大君《おほきみ》は　神にしませば　天雲《あまくも》の　五百重《いほへ》の下に　隠《かく》りたまひぬ
（置始東人《おきそめのあづまと》　巻二の二〇五）

2　大君は　神にしませば　天雲の　雷《いかづち》の上に　廬《いほ》りせるかも　（柿本人麻呂《かきのもとのひとまろ》　巻三の二三五）

3　大君は　神にしませば　雲隠《くもがく》る　雷山《いかづちやま》に　宮敷《みやし》きいます　（或《ある》本歌　巻三の二三五）

4　大君は　神にしませば　真木《まき》の立つ　荒山中《あらやまなか》に　海をなすかも　（柿本人麻呂或本歌　巻三の二四一）

5　大君は　神にしませば　赤駒《あかごま》の　腹這《はらば》ふ田居《たゐ》を　都と成しつ　（大伴御行《おほとものみゆき》　巻十九の四二六〇）

6　大君は　神にしませば　水鳥《みづとり》の　すだく水沼《みぬま》を　都と成しつ　（作者未詳　巻十九の四二六一）

このうち5・6は、天平勝宝《てんぴょうしょうほう》四年（七五二）に、大伴家持《おおとものやかもち》（?〜七八五）が自分の耳で聞いて記した歌であるが、題詞に「壬申の年の乱の平定《しづ》まりにし以後《のち》の歌二首」とあるところから、天武天皇が壬申の乱後に飛鳥浄御原宮を建設したことを詠んだ歌が伝わっていたとするのが通説である。したがって、壬申の乱を平定した天武天皇に対して、天皇を神とする考え方が起こったといわれるところである。

しかし、これらの歌の表現上の力点は、下《しも》三句にあるのであって、下三句には、神ならぬ身では、成し遂げることのできない偉業が掲げられていることに注意を払わなくてはならない。

天雲の下にお隠れになる（1）
雷の上に廬《いおり》を作る（2）
困難な場所に都を出現させる（3・5・6）
山中に海を成す（4）

のような偉業は、神だから成し遂げられたというように。つまり、「大君は　神にしませば」という句は、天皇の力の偉大さを讃える句であり、それは言外に、神ならぬ身の天皇のお力は、まさに神であるかのごとし、という内容を含み込んでいるのである。この考え方は、戦後の折口信夫の考え方なのだが、私は、折口説で過不足がないとみている（折口信夫「天子非即神論」）。

吉野の山と川の神々従える天皇

天皇を神と讃える歌は、主として、柿本人麻呂関係歌か、その影響を受けたと思われる歌に集中している。天皇を神と讃える思想は、天武・持統朝において生まれたと解釈されることが多いのはそのためだ。

ことに、吉野讃歌と呼ばれる人麻呂によって持統朝に歌われた歌に、その考え方は顕著である。次の歌は、持統天皇の吉野行幸につき従った柿本人麻呂の歌で、万葉長歌の代表作といわれている。

吉野宮《よしののみや》に幸《いでま》せる時に、柿本朝臣人麻呂《かきのもとのあそみひとまろ》が作る歌

［第一作品の長歌と反歌省略］

やすみしし　我が大君　神《かむ》ながら　神《かむ》さびせすと　吉野川《よしのがは》　激《たぎ》つ河内《かふち》に　高殿《たかどの》を　高知《たかし》りまして　登り立ち　国見をせせば　たたなはる　青垣山《あをかきやま》　やまつみの　奉《まつ》る御調《みつき》と　春へには　花かざし持ち　秋立てば　黄葉《もみち》かざせり〈一に云ふ、「もみち葉《ば》かざし」〉　行《ゆ》き沿ふ　川の神も　大御食《おほみけ》に　仕《つか》へ奉《まつ》ると　上《かみ》つ瀬に　鵜川《うかは》を立ち　下《しも》つ瀬に　小網《さで》刺し渡す　山川《やまかは》も　依《よ》りて仕ふる　神の御代《みよ》かも

反　歌

山川も　依りて仕ふる　神《かむ》ながら　激《たぎ》つ河内《かふち》に　船出《ふなで》せすかも

（巻一の三八、三九）

［左注省略］

この歌には、吉野における自然と神の関係が記されている。山の神、川の神の位置づけが、示されているのである。以下、訳してみると、

吉野宮に持統天皇が行幸された時に、柿本朝臣人麻呂が作った歌

［第一作品の長歌と反歌省略］

（やすみしし）わが大君さまが　神であられるがままに　神らしく振る舞われるべく　吉野川の　激流渦巻く川のうちに　高殿を　高々とお建てになり　その上に登り立ち　国見をなさいますと　幾重にも幾重にも重なった青垣山は……　山の神が　奉る貢物として　春のころには　かの頂に花を飾り　秋になれば　色づいたもみじを飾って　大君さまにお目にかけます〈また「もみじを飾って」〉　吉野の離宮に沿って流れる川　その川の神も　大君さまのお食事に　ご奉仕申し上げようと　上の瀬にては　鵜川狩《うかわがり》漁をして　下の瀬にては　小網《さで》刺しの漁で　山や川の神までも　このように心を寄せてお仕え申し

上げる　まさしく神代だ――

反　歌

山川の神々も　心を寄せてお仕え申し上げる――　大君さまが神であらせられるままに
激流渦巻く川のうちに　船遊びをなさるのである――

図21　吉野川　奈良県吉野郡吉野町宮滝にて。宮滝遺跡は、吉野離宮と現在考えられている

となろうか。ここでは、山の神は花ともみじで天皇の目を楽しませる下僕《しもべ》であり、川の神は魚を献上して天皇の食を彩る下僕として位置づけられている。神に対峙して、無様に敗北した雄略天皇の話と比較してみると、その違いは明瞭である。天皇は、自然の神々を奉仕者として従えているように歌われているからだ。

ただ、この歌についても注意しておかなくてはならないことがある。それは、大君すなわち天皇が、神らしく振る舞われる時に、山と川はその下僕になるのだと歌われている点である。つまり、天皇が自然の神々の上に君臨するのは、神として振る舞い、かの吉野の激流のうちに高殿を建て、国見をした時、その時にという限定つきなのである。つまり、特別な時、特別な場においてのみ、天皇は、自然の神々の上に君臨するのである。たしかに、こういった時の天皇は神であるといってよいかもしれない。が、しかし。それは、あくまでも、限られた時と場においてのことなのである。

したがって、正確を期した物言いをすれば、天皇は人であるが、儀式や行幸のなかで、時として神と讃えられることもある。その神と讃えられる天皇は、神そのもののように表現されることもあった、というくらいに考えておくべきだろう。逆説的にいえば、それは天皇が人の側にいる存在だったことを意味する。

私は、本書において、多神教社会における人と神と土地の認識法について「身体性」「心性」「霊性（神性）」の三点から分析しようとした。人にも、神にも、土地にも、身体性、心性、霊性（神性）が備わっているというように（三四頁）。

じつは、このことは天皇にも当てはまる。したがって、天皇にもまた、身体性、心性、霊性（神性）が備わっているのである。その霊性（神性）が、時として、自然の神々を凌駕《りょうが》するということもあるのである。そう考えると、人が神となり、神と讃えられるように、天皇もまた神となり、神と讃えられるのだ——と私は考えたい。

以上のように結論付けてみると、逆にミモロの神の力が、天皇の力を凌駕することも当然あったわけで、その場合、天皇といえども、またミモロ、カムナビの神に敗北を喫することもあるのである。

神々の競争と優勝劣敗と

多神教社会とは、たくさんの神々がいる世界というよりも、とめどなく神々が生まれ出ずる社会(一一頁)ということは繰り返し述べてきたところである。そういう歴史環境においては、神々は常にその覇を競い合うことになる。

優れた者が勝ち誇り、劣った者が敗れ去る優勝劣敗が、無限に繰り返される社会、それが多神教社会なのだ。いったい、どちらの神の方が偉大なのか——と、神々は覇を競うのである。どの神が個人の身体に宿る神の座を勝ち得るのか。どの神が、小地域を代表する神の座を勝ち得るのか。いずれの神が、大地域を代表する神にのし上がってゆくのか。いったい国家が認める神は、どの神か。どうやったら、国家が祀る神になれるのか。敬意を表される神もあれば、敬意を表されない小さき神々もいる。こうして神々は、常に覇権を競うのである。つまり、多神教社会とは、神々の生存競争社会、存在意義を主張しあう競争社会ということができる。

本書は、私自身のいわば青春三文小説から始まった。それは、私と小さき神々との出逢い

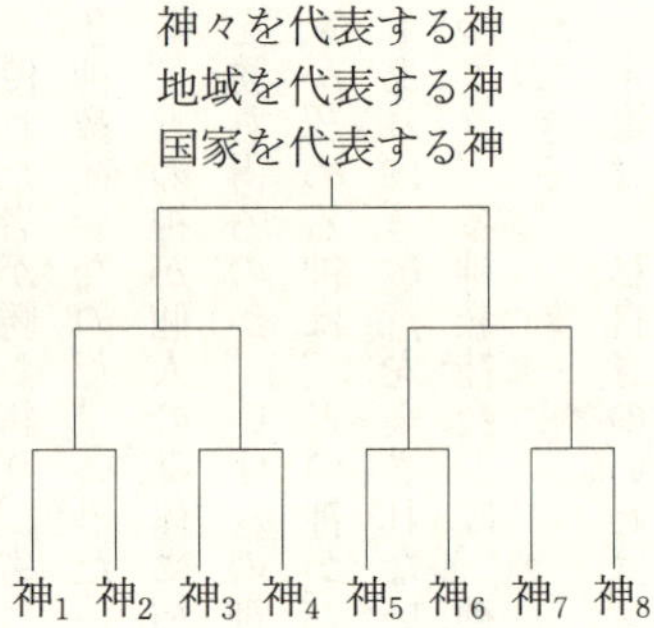

図22　神々の優勝劣敗と生存競争

を語る物語だったからだ。そういった小さき神々のうち、多くの神々との戦いに勝利した神々だけが、地域を代表する神になり、国家の祀る神となり、『古事記』『日本書紀』『延喜式』神名帳をはじめとする諸文献に名を留める神となってゆくのである。こうして、偉大なる神が出現してゆくのである。それは、多神教社会における一神教的志向といえるかもしれない。多神教社会に唯一神があるとすれば、それは覇権争いに勝利した神である。ただし、唯一神といっても、その時点で勝利者として頂点を極めているだけのことなのだが――。

私は、全国高校野球選手権大会のようなトーナメントを想起する。とめどなく生まれゆく神々の多くは、淘汰され、消えてゆくのである。一神教における宗教改革は、常に経典の解釈をめぐる争いからはじまるが、多神教社会は、常に新しい神々が生まれたもう社会であるから、常に新しい神を奉じて宗教改革が行なわれるのである。神も使い分けられ、人に選ばれるのである（一三一頁）。それは、日本の多くの新宗教の宗教運動をみれば、実感としてわかることだ。

本書のいう自然とは、いわば山川草木であり、山河大地というべきものであり、考究したのは、森と山の神であった。といっても、まったく人為を排したものではない。「ミモロ」は人の守る山なのだ。

古代の神について語る書でありながら、本書には、天之御中主神《あめのみなかぬしのかみ》も、天照大神も、伊勢神宮も出雲大社も登場しなかった。本書には、偉大なる神々は登場しないのである。その理由については、本書の紙背《しはい》に、小さき神々のように、目立たぬように記したつもりである。小さき神々を発見するかのように、その理由を、ご発見、ご推察たまわれば、著者はこれを無上の喜びとし、人生最大の誉《ほまれ》とする――。

終章

美術品なのか仏像は……という問い

さほどの読書家ではない私にも、忘れ得ぬ本というものは……ある。大学生の時に読んだのだから、もう三十年以上も前に読んだ本である。著者は、かつて学習院院長であった哲学者・磯部《いそべ》忠正《ただまさ》（一九〇九～一九九五）である。磯部は、ある日、博物館の仏像展で、こんな光景に出くわす。薬師如来《やくしにょらい》像の前に、お賽銭がうずたかく盛られていたのだ。そして、磯部は考えた。これらの仏像は、本来は信仰の対象ではなかったのか、と。少し長くなるが、引用してみよう。

かつては堂塔伽藍《がらん》の奥深く、静かに鎮座して、信者たちの敬虔《けいけん》な礼拝を受けていたであろうし、現在でも本来はそうあるべきであろう。それが、いつのまにか信仰の世界から引きはなされて、このような博物館で、たんなる美術品ないし歴史的遺物として、信仰には無縁な民衆の鑑賞の対象になり下がってしまった。これは一体どういうことか。これでいいのか。これが当たり前のことなのか。

お賽銭を供えられた薬師如来像の前で、私は目を覚された思いであった。私はごく自然に、しかし目立たないように掌を合わせ、頭を下げた。あらためて信仰の世界に引き戻されたのである。しかしそれと同時に、何十体と無造作に並べられた仏像の前を、今までのようにただ眺める気持で通りすぎることができなくなってしまった。そして、会場の雰囲気そのものに対する違和感が私を苦しめだした。

信仰の世界に引き戻されたとはいっても、私はこれらの仏像が本来信仰の対象であるということに気がついたにすぎないのであって、お賽銭を供えた人々と同じ信仰の世界に入り得たわけではない。結局私は純粋な信者にもなりきれず、またたんなる鑑賞者にもとどまり得ず、中途半端な批評家のような立場で会場を一巡した。そして、解きつくし得ない課題を背負って、さまざまな想念をいだきつつ、博物館を出たのである。

（磯部忠正『日本人の信仰心』）

磯部は、今は美術品として陳列されている仏像が、かつては信仰の対象であったことに思いを馳せる。そのことを気づかせてくれたのは、ガラスケースの前にうずたかく盛られた賽銭であったのだ。一つの疑問が、日本では西洋哲学の王道とされたデカンショ（デカルト、カント、ショーペンハウエル）を学んだ碩学《せきがく》の心に過《よぎ》ったのである。それは、陳列されている仏像たちの魂の存在、霊的な何ものかを感じた瞬間でもあったはずだ。一方、霊的な何かを感じた「私」（＝磯部）は、やはり近代科学の子であり、知識階級の人である。彼自身は、賽銭を上げることもなく、他の見学者と同じように美術品として鑑賞し、その場所を通り過ぎて行かざるを得なかったのである。違和感を持ちながら。

一方私は、磯部の言葉を胸に、こう考えた。そうかぁ、この仏像を造った人も、この仏像には仏の魂が入ると考えて造ったはずだ。いや、その木や金属も神だと思って造ったのかもしれない。また、この仏像を拝むことで、幸を求めて生きて生きて生き抜いて、死んで死んでいった人びともいたはずである、と。

ヒトとモノとの関係

薬師寺の管主であった高田好胤《たかだこういん》（一九二四～一九九八）は、偶像崇拝が禁止されているイスラム教国のパキスタンの博物館で、時の大統領に願い出て、特別に大統領令をもって、展示ケース前面のガラスを外してもらい、仏像に対して読経《どきょう》、回向《えこう》をしたという。

ここに、一体の仏像があるとしよう。仏像は、美術館にゆくと、信仰の対象から、美術品に早変わり。時に、美術史の資料に早変わりする。それを信仰の対象物とみるか、美術品とみるかで、仏像と人との関係は、変わってくる。

賢明なる読者は、もう筆者の言わんとする次の一句を予想しているのではないか。そこに一木がある。そこに森（モリ）があって、山がある。その木、森（モリ）、山を自然とみるか、崇拝の対象物としてみるかで、私たちと、木、森（モリ）、山とのつきあい方は変わってくる。本書の出発点は、じつはここにあったのである。最後に、もう一度、本書の冒頭にその訳を掲げた古歌を味わって、本書のとじめとしたい。

古《いにしへ》の　事は知らぬを　我《われ》見ても　久しくなりぬ　天《あめ》の香具山《かぐやま》

（『万葉集』巻七の一〇九六）

何事の　おはしますをば　しらねども　かたじけなさに　涙こぼるる

（『西行法師家集』）

参考文献

青木紀元　一九七〇年『日本神話の基礎的研究』風間書房
――――　二〇〇二年『祝詞全評釈―延喜式祝詞・中臣寿詞―』右文書院、初版二〇〇〇年
阿部真司　一九九一年「大物主神と三輪山伝承」『高知医科大学一般教育紀要』第七号所収、高知医科大学
安藤正次　一九三五年『古典と古語』三省堂
池田源太　一九七九年『大和叢攷』豊住書店
池辺　弥　一九八九年『古代神社史論攷』吉川弘文館
石野博信ほか　二〇〇八年『三輪山と日本古代史』学生社
磯部忠正　一九八三年『日本人の信仰心』講談社
伊東俊太郎　一九九九年『一語の辞典　自然』三省堂
伊藤高雄　一九九二年「人麻呂と雷岳―ふたつの大君讃歌―」『上代文学』第六十九号所収、上代文学会
井上和人　二〇〇八年『日本古代都城制の研究―藤原京・平城京の史的意義―』吉川弘文館
井上さやか　二〇一四年「飛鳥の宮処とカムナビ山」『万葉古代学研究年報』第十二号所収、奈良県立万葉文化館
上田正昭　一九九八年『上田正昭著作集　第三巻　古代国家と宗教』角川書店

――　一九九九年『上田正昭著作集　第四巻　日本神話論』角川書店
上田正昭編　一九八七年『春日明神―氏神の展開―』筑摩書房
――　一九八八年『住吉と宗像の神―海神の軌跡―』筑摩書房
上野　誠　一九九七年『古代日本の文芸空間―万葉挽歌と葬送儀礼―』雄山閣出版
――　二〇〇〇年『万葉びとの生活空間―歌・庭園・くらし―』塙書房
――　二〇〇一年「万葉のモリとミモロと―古代の祭場、あるいは古代的祭場―」『祭祀研究』第一号所収、祭祀史料研究会
――　二〇〇四年『万葉体感紀行―飛鳥・藤原・平城の三都物語―』小学館
――　二〇〇八年『大和三山の古代』講談社
――　二〇〇八年「いむ・いみ」近藤信義編『修辞論』所収、おうふう
――　二〇一〇年『万葉びとの奈良』新潮社
――　二〇一二年『万葉挽歌のこころ―夢と死の古代学―』角川学芸出版
――　二〇〇〇年『「小さき社」の列島史』平凡社
牛山佳幸　二〇〇七年『日本古代の神と霊』臨川書店
大江　篤　一九九七年『一語の辞典　神』三省堂
大野　晋　一九四三年『神道考古学論攷』葦牙書房
大場磐雄　一九六七年『まつり』学生社
――　一九七〇年『祭祀遺蹟―神道考古学の基礎的研究―』角川書店
――　一九七六年『大場磐雄著作集　第五巻　古典と考古学』雄山閣出版
大東延和　一九九〇年「春日大社境内の土地・個有物件等に関する文献史料」春日顕彰会編『史跡春日大社境内地実態調査報告及び修景整備基本構想策定報告書』所収、春日顕彰会
岡田莊司　一九七三年「渡来神と地主神―神地の移譲をめぐって―」『神道学』第七十九号所収、神道学

会

―― 二〇〇五年 「天皇と神々の循環型祭祀体系―古代の祟神―」『神道宗教』第百九十九・二百号所収、神道宗教学会

―― 二〇一一年 「古代の天皇祭祀と災い」『國學院雜誌』第百十二巻第九号所収、國學院大學

岡田精司 一九七〇年 『古代王権の祭祀と神話』塙書房

―― 一九八五年 『神社の古代史』大阪書籍

―― 一九九二年 『古代祭祀の史的研究』塙書房

岡田精司編 一九九七年 『古代祭祀の歴史と文学』塙書房

奥村紀一 一九八三年 「「うつせみ」の原義」『国語国文』第五十二巻第十一号所収、京都大学文学部国語学国文学研究室

折口信夫 一九四七年 「天子非即神論」『折口信夫全集 20』所収、中央公論社

折口信夫全集刊行会編 一九九五年 『折口信夫全集 1』中央公論社

―― 一九九五年 『折口信夫全集 2』中央公論社

―― 一九九五年 『折口信夫全集 3』中央公論社

影山尚之 二〇〇五年 「三輪山文学圏―祭祀から遊覧へ―」『そのだ語文』第四号所収、園田学園女子大学

景山春樹 一九七一年 『神体山』学生社

花山院親忠 一九九三年 「神体山信仰から社殿信仰へ」『かすがオープンセミナー講演論集 春日文化』第一冊所収、春日大社

金子裕之 一九八五年 「平城京と祭場」『国立歴史民俗博物館研究報告』第七集所収、国立歴史民俗博物館

金田久璋　一九九八年『森の神々と民俗』白水社
神堀　忍　一九八一年「平城京人と明日香」横田健一・網干善教編『講座　飛鳥の歴史と文学②』所収、駸々堂出版
岸　俊男　一九七七年『宮都と木簡―よみがえる古代史―』吉川弘文館
北村昌美　一九九五年『森林と日本人―森の心に迫る―』小学館
木下正俊　一九七六年「飛鳥の神奈備」横田健一・網干善教編『講座・飛鳥を考える』所収、創元社
木村徳国　一九八三年「ヤシロと上代人―ヤシロの基礎的考察　その2―」『日本建築学会論文報告集』第三百二十六号所収、日本建築学会
――　一九八三年「モリ（モロ）と「社」―ヤシロの基礎的考察　その3―」『日本建築学会論文報告集』第三百二十八号所収、日本建築学会
神野志隆光　一九九二年『柿本人麻呂研究―古代和歌文学の成立―』塙書房
國學院大學日本文化研究所編　一九九九年『祭祀空間・儀礼空間』雄山閣出版
小林宣彦　二〇一一年「律令期神祇制の再検討―霊験と祟りをめぐる神事のシステム化を中心に―」『國學院雑誌』第百十二巻第二号所収、國學院大學
櫻井　満　二〇〇〇年「第四部　自然と信仰」『櫻井満著作集　第四巻　万葉集の民俗学的研究（下）』所収、おうふう
清水克彦　一九八七年「平城京期歌人と飛鳥」『万葉雑記帳』所収、桜楓社
千田　稔　二〇〇四年『古代日本の王権空間』吉川弘文館
武田祐吉　一九七三年『武田祐吉著作集　第一巻　神祇文学篇』角川書店
田中宣一　二〇〇五年『祀りを乞う神々』吉川弘文館
谷川健一編　一九八五年『日本の神々―神社と聖地―　第四巻　大和』白水社

谷口雅博　二〇〇四年「崇神紀・大物主神祭祀伝承の意義」『大美和』第百六号所収、大神神社
土橋　寛　一九八六年『古代歌謡と儀礼の研究』岩波書店、初版一九六五年
鉄野昌弘　二〇〇七年「万葉研究、読みの深まり（?）―持統天皇御製歌の解釈をめぐって―」『季刊明日香風』第百二号所収、飛鳥保存財団
寺崎保広　二〇〇二年『日本史リブレット6　藤原京の形成』山川出版社
――　二〇〇六年『古代日本の都城と木簡』吉川弘文館
遠山一郎　一九九八年『天皇神話の形成と万葉集』塙書房
徳丸亞木　二〇〇二年『「森神信仰」の歴史民俗学的研究』東京堂出版
直木孝次郎　一九八六年『日本古代の氏族と天皇』塙書房、初版一九六四年
中村啓信　二〇〇〇年『古事記の本性』おうふう
西宮一民　一九九〇年『上代祭祀と言語』桜楓社
野本寛一　二〇一〇年『地霊の復権―自然と結ぶ民俗をさぐる―』岩波書店
蜂矢真郷　二〇〇七年「上代特殊仮名遣に関わる語彙」『萬葉』第百九十八号所収、萬葉学会
平野仁啓　一九六六年『古代日本人の精神構造』未来社
平林章仁　二〇〇〇年『三輪山の古代史』白水社
北條勝貴　二〇一一年「『日本書紀』と祟咎―「仏神の心に祟れり」に至る言説史―」大山誠一編『日本書紀の謎と聖徳太子』所収、平凡社
堀　一郎　一九五五年『我が国民間信仰史の研究（一）序編・伝承説話編』東京創元社
松前　健　一九七四年『古代伝承と宮廷祭祀―日本神話の周辺―』塙書房
――　一九八八年『古代信仰と神話文学―その民俗論理―』弘文堂
松本卓哉　一九九〇年「律令国家における災異思想―その政治批判の要素の分析―」黛弘道編『古代王権と祭儀』所収、吉川弘文館

見田宗介　一九六五年『現代日本の精神構造』弘文堂新社
三宅和朗　二〇〇八年『古代の王権祭祀と自然』吉川弘文館
三輪山文化研究会編　一九九七年『神奈備　大神　三輪明神』東方出版
村山　出　一九九九年「山部赤人の吉野讃歌―「青垣隠り」をめぐって―」『北海学園大学人文論集』第十二号所収、北海学園人文学会
本村凌二　二〇一三年『多神教と一神教―古代地中海世界の宗教ドラマ―』岩波書店、初版二〇〇五年
安田尚道　二〇〇六年「「神」と「上（かみ）」は同源だとする説をめぐって」『青山学院大学文学部紀要』第四十八号所収、青山学院大学文学部
柳父　章　一九九五年『翻訳の思想』筑摩書房
――　二〇〇一年『「ゴッド」は神か上帝か』岩波書店
山折哲雄　一九九五年『日本宗教文化の構造と祖型（増補新訂版）』青土社
――　二〇〇八年『日本人の宗教とは何か―その歴史と未来への展望―』太陽出版
――　二〇〇八年『信ずる宗教、感ずる宗教』中央公論新社
横田健一　一九九二年『飛鳥の神がみ』吉川弘文館
吉井　巖　一九九〇年「雷岳の歌」『万葉集への視角』所収、和泉書院
和田　萃　一九九五年『日本古代の儀礼と祭祀・信仰　下』塙書房
和田　萃編　一九八八年『大神と石上―神体山と禁足地―』筑摩書房

あとがき

いつも、一書を上梓《じょうし》する時には、せつなく、そして寂しい気分となる（愛惜か）。もちろん、安堵《あんど》の気持ちも、自負の気持ちもあるにはあるのだけれど、せつなく、悲しい気持ちが……なぜか先に立つ。

というのは、一書を成すにあたっては、高揚した気分で執筆しているし、自分なりに己を律した生活をしているからである。そういう高まった気持ちと今日でおさらばか、と思うと、なんだかせつなくもあり、寂しいのだ。そんな時に、ふと数日前の自分がいとおしく思えることがある。そして、ほんの少し、過去の自分に尊敬の念をいだく。いかなる古典研究も、歴史研究も、過去との対話であるとは、本書唯一の主張といえるものなのだが、それは過去に対して好意を持った対話であるべきだ、と思う。なぜならば、人は自分に好意を持ってくれている人にしか、けっして心を開かないからだ。

半年前のこと。私は、自分の祖父の日記の抄出本を、従姉《いとこ》から手に入れた。百年前の祖父の日々と対面したのである。なんたる雑々とした日々、悪戦苦闘の毎日（不祥事あり、人事抗争あり、左遷あり、そして愛児の死も）。歴史は、過去と自己との対話である。だから、自分の「いま」と「ここ」から離れて、歴史を語ることはできないということを、再認識した。過去と無縁の今など、どこにも存在しないし、今と無縁の未来などあり得るはずもない。本書が、妙に懐古調になっている背景には、祖父の日記抄出本との出逢いがあることを、断っておかねばなるまい。明治・大正・昭和を懸命に生きた祖父のことを思うと、今命ある自分のなすべきことは、本書を完成させることだと、私は思ったからである（「うつそみの人なる我」か）。

中央公論新社から新書執筆のお誘いを受けた時、私は小躍りして喜んだ。私は、中公新書が大好きだからだ。高校生の時に読んだ大島清『高橋是清―財政家の数奇な生涯―』（一九六九年）以来、年に最低五冊は読んでいるはずである。私の著書としては、妙に畏まった文体の本になっているのは、そのためだ（畏怖か？）。

最後に、本書執筆を支えた村田右富実、廣川晶輝、井上幸、鈴木喬、大場友加、若林亜美の各氏にお礼を申し上げたい。また、末筆ながら、本書の助産師役となってくれた並木光晴氏には、心よりお礼を申し上げたい、と思う。大きなチャンスをいただいた。多謝。感謝――。

二〇一四年　立夏

奈良県吉野町宮滝にてしるす

著　者

上野　誠（うえの・まこと）

1960年（昭和35年），福岡県に生まれる．國學院大學大学院文学研究科博士課程後期単位取得満期退学．博士（文学）．奈良大学文学部国文学科教授．研究テーマは万葉挽歌の史的研究，万葉文化論．日本民俗学会研究奨励賞，上代文学会賞，角川財団学芸賞，立命館白川静賞を受賞．『おもしろ古典教室』（ちくまプリマー新書），『遣唐使阿倍仲麻呂の夢』（角川選書），『万葉びとの宴』（講談社現代新書），『万葉文化論』（ミネルヴァ書房）ほか著書多数．小説作品に『天平グレート・ジャーニー』（講談社文庫）がある．オペラや朗読劇の脚本も手がける．

日本人《にほんじん》にとって
聖《せい》なるものとは何《なに》か
中公新書 *2302*

2015年1月25日初版
2019年5月15日3版

著　者　上野　誠
発行者　松田陽三

本文印刷　三晃印刷
カバー印刷　大熊整美堂
製　　本　小泉製本

発行所　中央公論新社
〒100-8152
東京都千代田区大手町 1-7-1
電話　販売 03-5299-1730
　　　編集 03-5299-1830
URL http://www.chuko.co.jp/

Published by CHUOKORON-SHINSHA, INC.
Printed in Japan　ISBN978-4-12-102302-5 C1221

中公新書刊行のことば

いまからちょうど五世紀まえ、グーテンベルクが近代印刷術を発明したとき、書物の大量生産は潜在的可能性を獲得し、いまからちょうど一世紀まえ、世界のおもな文明国で義務教育制度が採用されたとき、書物の大量需要の潜在性が形成された。この二つの潜在性がはげしく現実化したのが現代である。

いまや、書物によって視野を拡大し、変りゆく世界に豊かに対応しようとする強い要求を私たちは抑えることができない。この要求にこたえる義務を、今日の書物は背負っている。だが、その義務は、たんに専門的知識の通俗化をはかることによって果たされるものでもなく、通俗的好奇心にうったえて、いたずらに発行部数の巨大さを誇ることによって果たされるものでもない。現代を真摯に生きようとする読者に、真に知るに価いする知識だけを選びだして提供すること、これが中公新書の最大の目標である。

私たちは、知識として錯覚しているものによってしばしば動かされ、裏切られる。私たちは、作為によってあたえられた知識のうえに生きることがあまりに多く、ゆるぎない事実を通して思索することがあまりにすくない。中公新書が、その一貫した特色として自らに課すものは、この事実のみの持つ無条件の説得力を発揮させることである。現代にあらたな意味を投げかけるべく待機している過去の歴史的事実もまた、中公新書によって数多く発掘されるであろう。

中公新書は、現代を自らの眼で見つめようとする、逞しい知的な読者の活力となることを欲している。

一九六二年一一月

中公新書

哲学・思想

a1

中公新書

宗教・倫理

b1

日本史

中公新書

地域・文化・紀行

t1

285 日本人と日本文化 司馬遼太郎 ドナルド・キーン
605 絵巻物に見る日本庶民生活誌 宮本常一
201 照葉樹林文化 上山春平編
799 沖縄の歴史と文化 外間守善
2298 四国遍路 森 正人
2151 国土と日本人 大石久和
2487 カラー版 ふしぎな県境 西村まさゆき
1810 日本の庭園 進士五十八
2511 外国人が見た日本 内田宗治
1909 ル・コルビュジエを見る 越後島研一
246 マグレブ紀行 川田順造
1009 トルコのもう一つの顔 小島剛一
2169 ブルーノ・タウト 田中辰明
2032 ハプスブルク三都物語 河野純一
2183 アイルランド紀行 栩木伸明
1670 ドイツ 町から町へ 池内 紀
1742 ひとり旅は楽し 池内 紀
2023 東京ひとり散歩 池内 紀
2118 今夜もひとり居酒屋 池内 紀
2326 旅の流儀 玉村豊男
2331 カラー版 廃線紀行—もうひとつの鉄道旅 梯 久美子
2290 酒場詩人の流儀 吉田 類
2472 酒は人の上に人を造らず 吉田 類